캣툰
니 정수리에
내 송곳니

캣툰
니 정수리에
내 송곳니

꾸리에

 프롤로그

이 방 저 방 굴러다니며 방바닥과 혼연일체가 되어 좀비 생활을 즐기던 2008년 봄. '털다리'가 우연찮게 구조해 온 아기 고양이 '로마'를 만난 후 삶의 변화가 생겨버렸다. 고양이를, 아니 동물과 함께 산다는 걸 상상조차 해본 적이 없었던지라 아기 고양이의 유년 시절은 험난할 수밖에 없었다. 젖도 안 뗀 로마에게 내 엄지손톱만 한 사료를 씹으라며 들이밀었고, 그 사료를 씹지 못해 혀로 굴리고 있는 로마를 보며 '아… 저러다 굶어 죽겠구나' 싶어 사람 먹는 동뼈이참치를 먹였다가 폭풍설사로 병원에 실려가게 만들었다. 사료가 안 맞아 몇 달간 무른 똥을 싸대는데도 '아~ 고양이 똥은 이렇듯 부드러운 거구나~'라며 똥방관을 하기도 했다. 대견하게도 아기 로마는 스스로 강인한 체력과 정신력으로 보란 듯이 역경을 이겨내고 네 살이 넘도록 무탈하게 잘 자라주었다.

로마와 함께 살며 달라진 점 중 하나는 길고양이를 바라보는 시선이다. 내 눈에 비친 녀석들은 어릴 적부터 듣고 자란 '요물' 도둑고양이가 아니라 척박한 길 위에서 치열하게 살아가는 안쓰럽고 약한 작은 생명이다.

썩은 음식물 쓰레기를 기웃거리는 비쩍 마른 길고양이를 본 그날부터 사료를 챙겨주게 된 것이 계기가 되어 자연스럽게 동네 고양이 밥 퍼주는 아낙네로 살게 되었다. 바람에 나뒹구는 비닐봉지를 보곤 고양이로 착각하고 미역줄기 같은 머리카락을 휘날리며 뛰어나가는 나 자신을 발견할 땐 '내가 돌았구나…' 싶기도 하지만, 하루 한 끼 얻어먹으려고 때마다 찾아오는 길고양이들을 만날 때면 캣맘으로서의 삶도 나름 뿌듯하다. 그렇게 4년간 사료를 챙기면서 도저히 못살겠다 싶은 녀석들을 이놈 저놈 데려오다 보니 현재 우리 집에는 네 마리의 고양이가 서식하게 됐다. 씨퐁.

한 번은 동네 반상회가 열린 적이 있었다. 빌라 주차장에 한 집도 빠짐없이 사람들이 모였고, 여러 안건들이 나오며 회의가 무르익어 갈 무렵, 드디어 길고양이 밥 주는 안건에 대해 말이 나왔다. 예상대로 밥을 줌으로써 고양이가 꼬이게 되고, 주변이 더러워지며, 쓰레기봉투를 뜯어놓거나, 싸우는 소리에 시끄러워 잠을 못 자는 등 여러 불만 사항들이 쏟아졌다. 내가 나서려고 하자 털다리가 불쑥 나오더니 그 길로 웅변을 시작했다. 고양이에게 밥을 주면 쓰레기봉투를 뜯는 일이 줄어들 것이고, 고양이가 어질러놓지도 않은 주변 쓰레기까지 매일 청소하고 있으며, 밥을 주든 안주든 영역동물인 고양이는 그 수 그대로 이 동네에서 살 것이고, 사람들이 매일 만들어내는 소음에 비하면 고양이들 가끔 우는 건 좀 봐주며 더불어 살아갔음 좋겠다…뭐, 이런 식으로 방언 터지듯 나불나불…….

이 와중에 '이쁜이'라 이름 붙인 길고양이가 치킨 냄새를 맡고 나타났다. '지금은 곤란하니 나중에 와라!'며 눈치를 줘도 이쁜이는 꿋꿋하게 앉아서 울고 있는 것이었다. 게다가 화단에 똥까지 쌀 기세!

요…요…개강냉이!

그나마 요즘은 인식이 옛날 같지 않아 그런지 "난 반댈세!"라고 하는 집 하나 없이 만장일치로 고양이 밥 주는 데 동의를 해주었다. 길고양이 밥 주는 사람을 죄인으로 만드는 유일한 나라 대한민국에서 이런 꿈같은 일이 일어난 것이다. 그 바람에 이쁜이는 치킨 네 조각까지 주민들에게 하사받고는 화단에 똥까지 싸놓고 사라졌다.

몹쓸 년…

이후 동네 길고양이 급식소에는 내가 주는 사료 외에도 생선구이, 사골국, 식은 밥, 심지어는 탕수육과 파닭까지 줄기차게 제공되고 있다. 한마디로 골목길 뷔페가 된 것이다.

로마를 시작으로 한 길고양이와의 묘연… 그리고 그로 인해 생기게 된 로마의 세 동생들.
시키들아, 우리 이대로 행복하자 살자!

2012년 9월, 로마 12킬로그램 찍다.
로마맘.

차 례

프롤로그

1장 놈들의 일상

오밤중에 우리 집에 도둑이 든다면!	012
내가 구해준다!	016
망언	018
형을 위해서라면 뭐든 할 수 있어!	019
더 이상 못 참아	022
망할 꼬리 때문에 돈독해진 우애	028
니가?	032
누구냐! 넌?	034
공유	039
영상편지	040
첫사랑	044
에피소드 _ 낯선 집 방문했을 때 고양이들 유형별 성격	055

2장 로마와 로빈이를 소개합니다!

우리 형 로마횽	064
내 동생 돌빡시키	072
에피소드 _ 영개돼지	078

3장 회상

로마흉의 과거	088
로빈이의 과거	092
안녕, 반갑다!	097
사냥은 이렇게 하는 거야!	103
폭풍간지	109
에피소드 _ 에미야!	112

4장 로마제국 로빈제국

동생이 생겼어요!	122
형들 덕분에!	128
비법전수	133
형아들만 믿었는데!	137
우리도 쉬고 싶다!	142
여기서 빠져나가야 해!	146
나 좀 봐! 보고 있나?	151
형들이 그랬지	157
마법의 모자	163
기생충	168
청천벽력 같은 한 마디	173
2011년 10월 10일	177
에피소드 _ 고양이상사 직급별 직원들	180

5장 니들 도대체 왜 이래?

무식하고 용감한 로마흉	190
털다리가 출장 간 일주일 동안 로마는!	192
투표 결과 기다리던 로씨 형제	199
새해 로마형에게 바라는 소망 몇 가지	203
어디서 많이 뵌 분?	209
날개 돋는 친구	210
또 물이 새요!	215
니들 도대체 왜 이래?	221
로마의 가출	226
에피소드 _ 로마와 로빈이의 속담 공부	230

6장 묘생역전 로또

살려주세요!	236
또라이몽이 된 로또	240
대략난감	245
니가 씨풍새를 알아?	249
흉들! 서열을 정해보자!	253
에피소드 _ 야매미용	259

7장 오빠들을 접수하러 왔다!

죽어도 못 보내!	268
오빠들의 근심거리 콩이	272
로마홍이 입은 옷은 진돗개용	275
콩이를 설레게 하는 그 무엇!	277
천하무적 콩이	281
마지막 인터뷰	284
에피소드 _ 서로 쳐다보는 아이들	296

에필로그

1. 입양 후 파양의 이유	302
2. 할 말 있어요~	310

1장
놈들의 일상

오밤중에 우리 집에 도둑이 든다면!

영역과 집사를 지키기 위해 형과 나는 어둠의 침입자에 항상 대비한다. 오밤중에 도둑이 들었을 때 우리 형제의 대처법을 공개하지.

끼이이익…….

적군이 문을 따고 숨죽이며 침입하겠지.

어둠에 익숙해진 적군의 눈에 뭔가 발견될 것이다.

???????

긴장한 적군은 조심스레 확인하겠지.

가까이에서 확인할 동안 미동도 안 하는 걸 보고 적군은 안심할 거다.

!!! !!!!! !!!!!!

전체 윤곽에서 돼지와 고양이의 경계를 넘나드는 형을 보며 적군은 잠시 혼란스러울 거다.
이것이 바로 형의 1차 공격이지...

왔군...

돌아서는 적군을 향해 형은 전투태세에 돌입한다.

적군은 어둠 속 희미하게 보이는 형의 얼굴을
가까이서 확인하겠지.

형의 2차 공격은 참으로 깔끔하지.
적군은 심장이 내려앉을 것이다.

형은 신들린 옹알이로 적군에게 쐐기를 박는다.

참으로 든든한 형이지.

내가 구해준다!

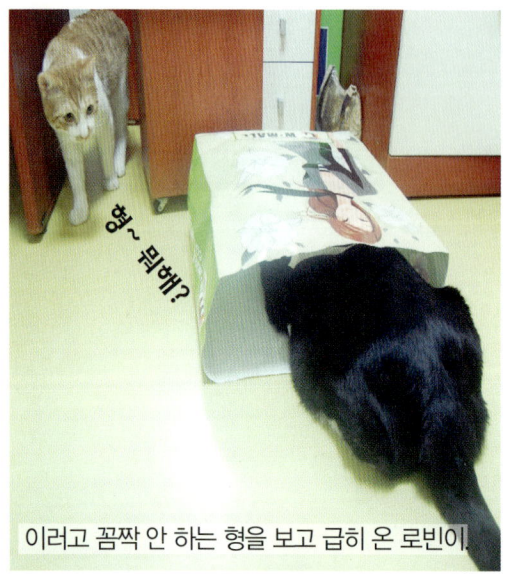
형~ 뭐해?

이러고 꼼짝 안 하는 형을 보고 급히 온 로빈이.

헉! 내가 구해줄게!

형이 갇혀있다고 생각했어요.

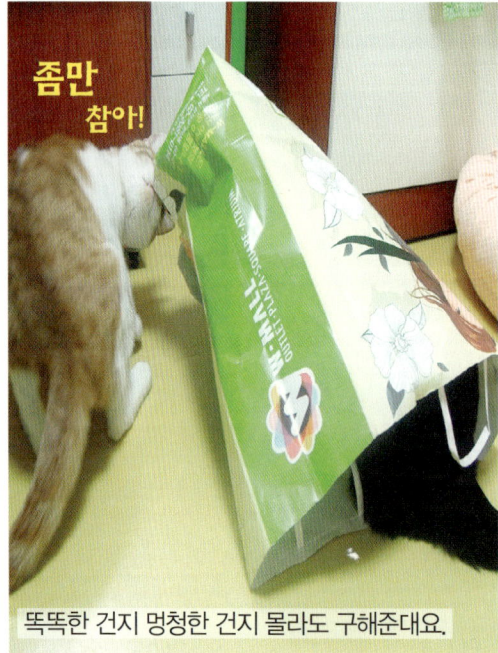
좀만 참아!

똑똑한 건지 멍청한 건지 몰라도 구해준대요.

심호흡하고 있어, 형!

마음이 급한 로빈이.

됐어~ 나와!

출구를 뚫어놓고 나오래요.

 # 망언

형을 위해서라면 뭐든 할 수 있어!

으음.......

꽉 끼다 못해 터질 듯한 박스에서 꼭 이러고 있어야 하는지 원...

숨 쉬기 곤란하군

로마흉도 답답했나 봅니다.

잉?

좋냐?

같은 날, 같은 박스에서 놀고 있는 동생을 발견한 로마흉.

이힛~ 완전 좋아~

로빈이에겐 안성맞춤인 박스였어요.

냉장고 박스 강추!

집사! 없냐?

동생이 부러운 로마흉은 집사에게 좀 더 큰 박스를 요구하지만...

이때!!! 뭔가 떠오른 로빈이!

형을 위해 박스 보수 공사에 들어간 착한 돌빡!

혼신의 힘을 다하는 돌빡!!

시간이 지날수록 지쳐가는 돌빠~ㄱ

하지만 다시 기운을 차리고 공사 들어갑니다.

더 이상 못 참아

원깨물

박스 리모델링에 대한 집착을 버리지 못하는 로빈이는

쓰리구멍!

오늘도 미친 듯이 작업을 해요.

어..엄마...;;

박스 수거하시는 분들에게 이젠 고개도 못 들겠다, 시캬!

며칠 후, 로마흉을 안타깝게 여긴 이웃 시로네 집사님이 대형박스를 보내주셨어요.

완전 좋아~

로마흉은 새 집이 마음에 쏙 들었어요.

아부지 나 집 생겼어~ 도배 좀~

이 기쁜 소식을 털다리에게 알리는 로마흉.

괜찮겠지?

로마흉은 집을 비울 때마다 로빈이가 신경 쓰입니다.

로마횽이 똥 누러 간 사이 고민하는 돌...빡

결국, 형과의 약속은 안드로메다로~

로마횽이 오기 전에 빨리 끝내고 싶은 로빈이는

마음이 급합니다.

이건 뭐 대형 쥐도르도 아니고...

정신없이 뜯습니다.

동생 찾아 헤매다 온 로마홍은 눈이 뒤집히지만 때는 늦으리~

이미 집은 개찌레기로 변해가는 중임...

결국 자포자기한 로마홍.

으흐흑흑흑

로마가 안됐긴 하지만 할 수 없지 뭐...

안녕~
박스는 고마웠어욜~

사랑했던 박스에게 예를 표하는 로빈이.

너덜 너덜

덜렁덜렁

고양이인 줄 알고 키웠는데 왕쥐도르인 듯...

 ## 망할 꼬리 때문에 돈독해진 우애

로빈이가 지붕 위로 힘차게 올라가요.

뭘 뚫어져라 한참을 쳐다봐요.

누구세요??
자기 꼬리인데 몰라봐요.

잡아보려고 왼쪽 바닥에 큰 절을 해요.

오른쪽 바닥에도 큰 절을 해요.

 **니가?**

로빈이는 식욕이 왕성한 녀석입니다. 밥 먹고 돌아서면 간식 달라며 볶아대곤 하죠.

엄마~ 입맛이 없어요~

통역: 엄마~ 간식이 먹고 싶어요~

풉~

지켜보던 로마흉이 비웃습니다.

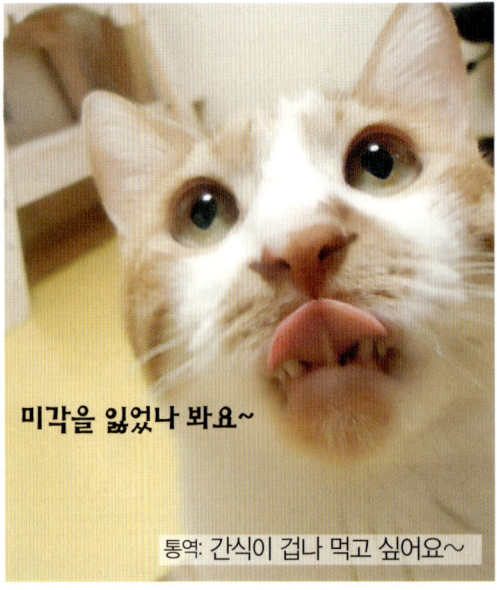

미각을 잃었나 봐요~

통역: 간식이 겁나 먹고 싶어요~

니가? ㅋ

업신여기는 로마흉~

누구냐! 넌?

목욕만 하면 서로 못 알아보는 멍청한 로형제. 지켜보는 집사는 그저 웁니다…….

로마흉이 목욕 후, 털을 말리고 있어요.

지 형을 못 알아보는 돌빡.

뚫어져라 감시하는 돌빡.

가까이서 확인해도 서로 못 알아봄.

여기저기 옮겨가며 열심히 탈수 중인 로마흉.

아무리 봐도 돌빡 눈엔 모르는 놈.

로마흉도 지 동생 못 알아보긴 마찬가지.

그루밍도 마음 놓고 못 해요.

"누구냐~~~"를 외치며 달려오는 로마횽.

빨리 제정신들 돌아오길...

털이 다 마른 후...

 공유

쓰윽~

!

누가 여기다 똥 쌌냐악~

히히^^;

영상편지

첫사랑

누가 온다고?
난 손님 싫어~
내일 우리 집에 손님 올 거야~

샤방샤방~~
짜잔~ 이웃에 사는 멍멍이가 놀러왔어요.

인사해~ 멍멍아~
응??
첫 입을 열 때 "멍"이라 외쳤다가 이름이 멍멍이가 된 --;

저..저기... 물이라도 한 사발...
손님이라면 질색팔색하는 로빈이가 한눈에 반해버렸어요.

찾아내는 돌빡오빠.

결국 너무 들이대다가 완전히 거부당한 로빈이.

처음으로 실연당한 우리 로빈이.

실연의 아픔을 술로 달래보려고~

안주 찾다가 엄마한테 뒤지게 혼나고~

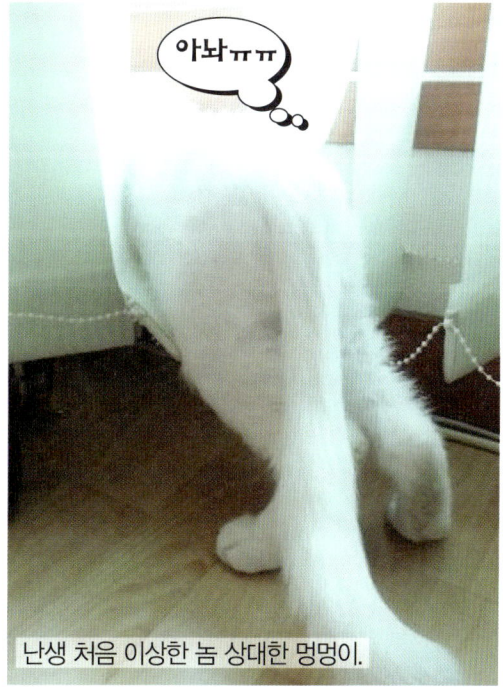

에피소드 1
낯선 집 방문했을 때 고양이들 유형별 성격

근처 오지 마라~

🔼 [까칠형] 미끼 접근을 허락하지 않는다. 반경 30센티미터 이내 움직이는 것들은 다 문다.

안녕~

반갑다잉~

🔼 [대묘관계 원만형] 로빈이와 동동이 처음 보는데도 10년은 같이 산 고양이로 착각한다.

🔽 [사부작 사부작형] 쿤이 소리 소문 없이 돌아다니신다.

▶ [다혈질형] 양이 집사한테 이끌려 와 놓고 보니...

▶ [은둔형] 만두 안전한 곳을 찾아 은둔생활을 즐긴다.

▶ [성인군자형] 은이 이 사람 저 사람 옮겨 다니며 도를 전수한다.

⬇ [니 집도 내 집 내 집도 내 집형] 우리 지 집인지 남의 집인지 구분 못 한다.

집에 가기 싫어한다.

친구랑 노는 게 좋다.

결국은 질질 끌려간다.

저렇게 마음 맞는 친구는 로빈이도 보내기 아쉬워한다.

떼거지들 온다, 이거지?

⬆ [공포감 조성형] 로마 로마도 고양이인데...

격하게 반겨주갔어!

아무도 안 건든다.

왔느냐악~

손님 그 누구도 안아볼 생각을 안 한다.

 ## 우리 형 로마흉

저의 유일한 흉! 우리 집 로마흉이에요.

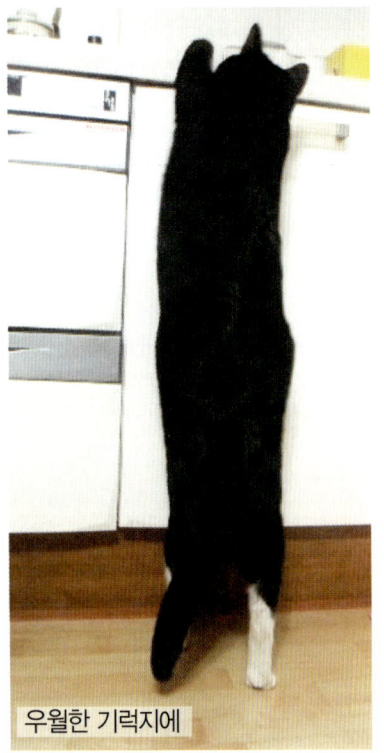
우월한 기럭지에

사람 의자 두 개를 혼자 쓰고

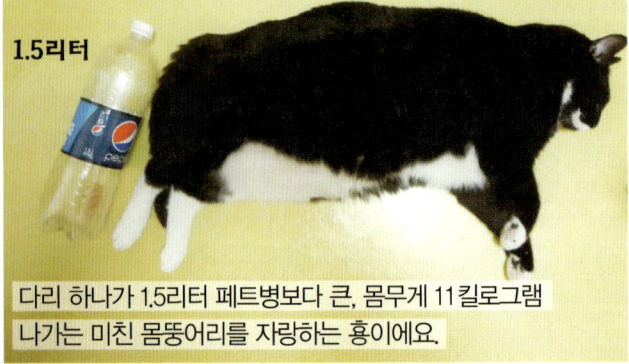
다리 하나가 1.5리터 페트병보다 큰, 몸무게 11킬로그램 나가는 미친 몸뚱어리를 자랑하는 흉이에요.

로마흉은 무모한 도전을 즐기는 진취적인 흉이기도 해요.

로마흉은 조금만 신중하게 생각하면

이내 흔이 빠져나가 지가 뭔 생각을 하고 있었는지도 모르는 해맑은 흉이에요.

정말 쉬운 남자... 로마흉...

뭐? 밥!

오늘 누구 오냐?

로마흉이 처음으로 멋있다고 생각한 날은
제가 어릴 적 우리 집에 손님들이 왔을 때였어요.

씨퐁씨퐁씨퐁씨퐁

꺼져!

낯선 사람들 때문에 떨고 있는 제 곁을 살벌하게
지켜준 흉이 정말 든든했었죠.

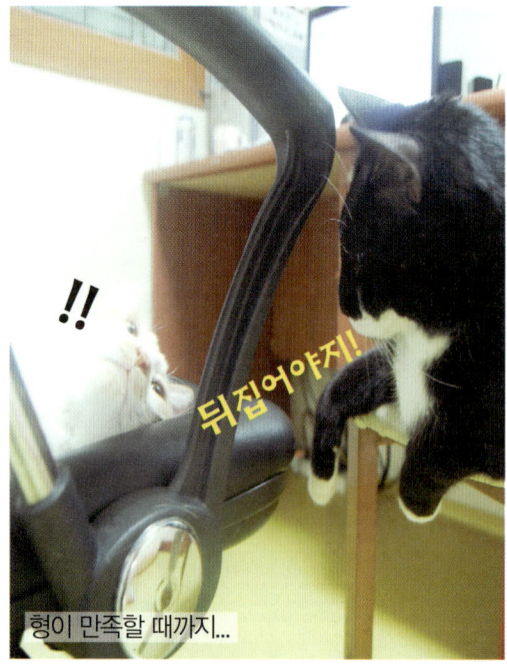

눙깔을 뒤집고 또 뒤집고...

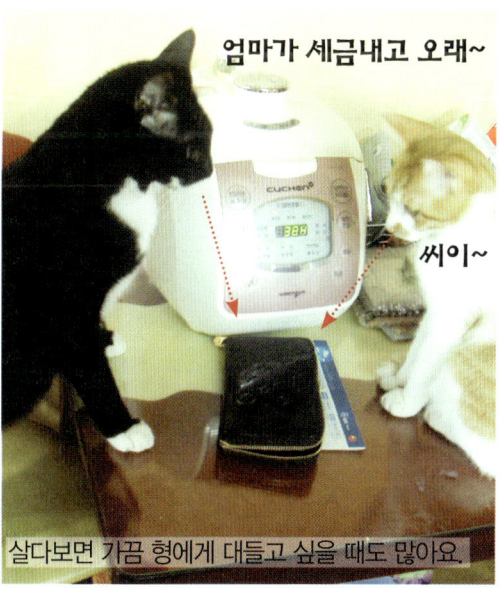

살다보면 가끔 형에게 대들고 싶을 때도 많아요.

마음 같아선 싸다구를 후려치고 싶을 때도 있지만

참아야죠. 오늘만 살다 죽을 순 없으니까요.

집사.. 뭐하냐..

쓰윽~

깜짝이야! 시꺄!

로마흉은 엄마보다 서열이 높아요. 그래서 갑자기 나타나 엄마를 놀래킬 수도 있어요.

저기요..
주.. 주차.. 좀...
똑바로...

거기다 친절하기까지 해요.

내 동생 돌빡시키

내 동생 돌빡시키 로빈이예요.

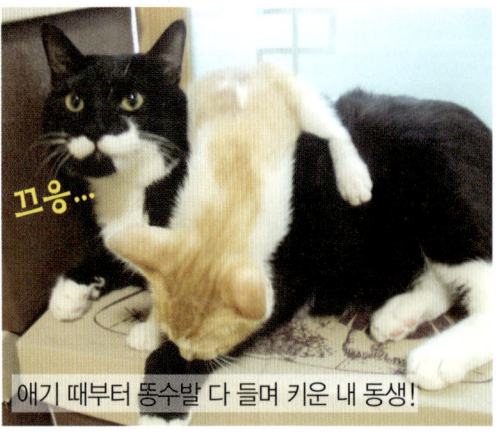

끄응...

애기 때부터 똥수발 다 들며 키운 내 동생!

싸우자! 덤벼!

흐음...

툭하면 개념 없이 덤비던 코찔찔이였어요.

풉~한 번 더~ 내가 못 본 척하면

메...

메롱메롱메롱메롱에베베베베

볼 때까지 이러는 집념의 동생이에요.

엄마~ 나 좀 보세요~

이 시키... 완벽한 엄마쟁이라

돌빡시키

마음대로 패지도 못해요.

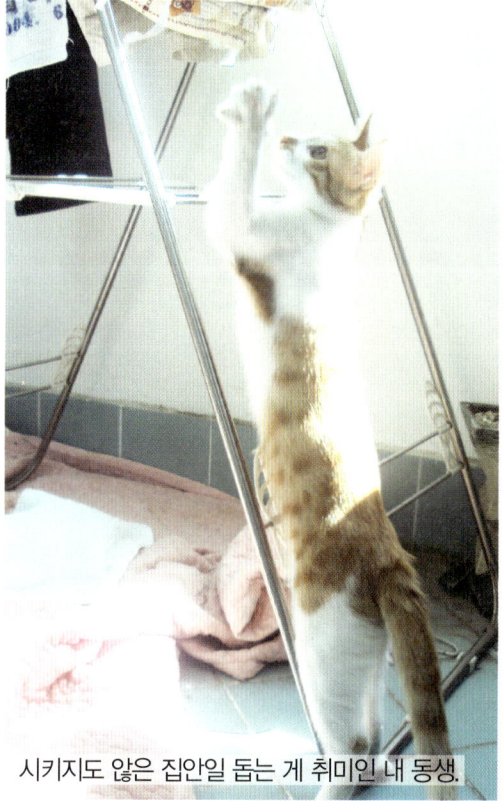

시키지도 않은 집안일 돕는 게 취미인 내 동생.

여기다 쑤셔넣을께요~ 엄마~

커튼 정리는 기본이고

버티칼도 혓바닥으로 다 닦아내는 무서운 놈이에요.

내 건강까지 챙겨주는 다정한 녀석이기도 해요.

리모델링에도 관심이 많아 집 구석구석을 헤집고 다녀 좀 속 시끄러운 녀석이지만

처웃다 기절한 내 동생 로빈이!

전 이런 놈이랑 살아요.

에피소드 2

영개돼지 _ 〈영계백숙〉을 개사.

찌는 태양에 지쳐가는 치즈랜드~

백성 모두의
걱정거리 고양이~

마법에 걸린 콩찌린내 공주는

오래 걸을 수 없는 치즈들은

그 누구 하나도 나서질 못하고

이웃나라 돼지 찾아보다가

그 거치른 피부를 믿어~

영개돼지~~!

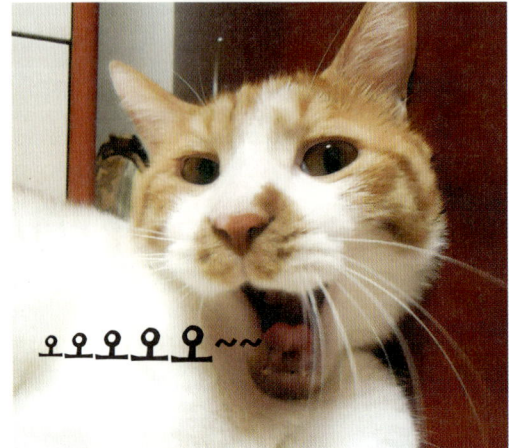

오오오오오~~

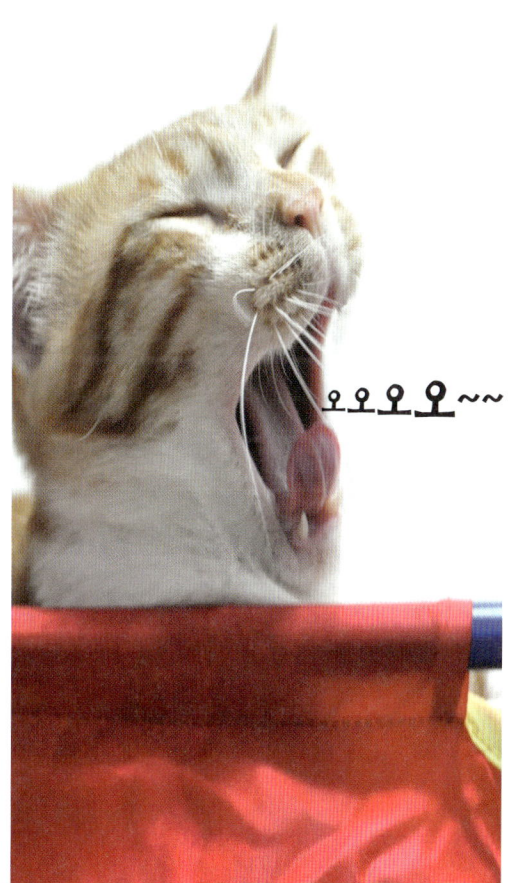

영 개돼지~~!

오오오오오~~

그 누구보다~~

개돼지라네~

그 누구보다 **피곤한** 사나이~!

나 꿀물 좀...

3장
회상

로마흉의 과거

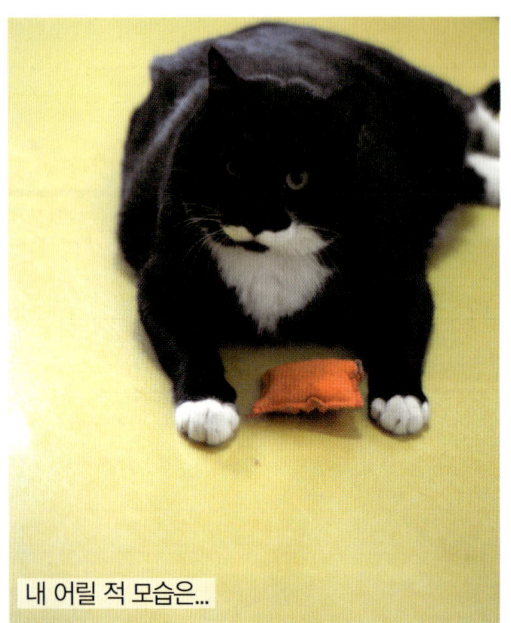
내 어릴 적 모습은...

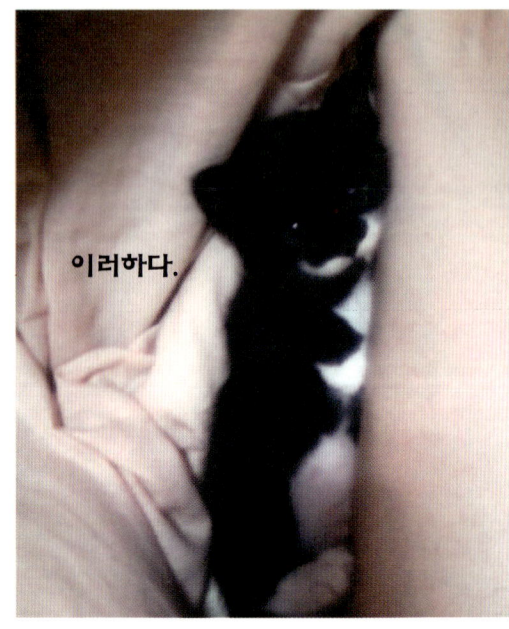
이러하다.

이게 나였다...

고양이였어... 호오...

박스에 버려진 나를

털다리가 데려와서

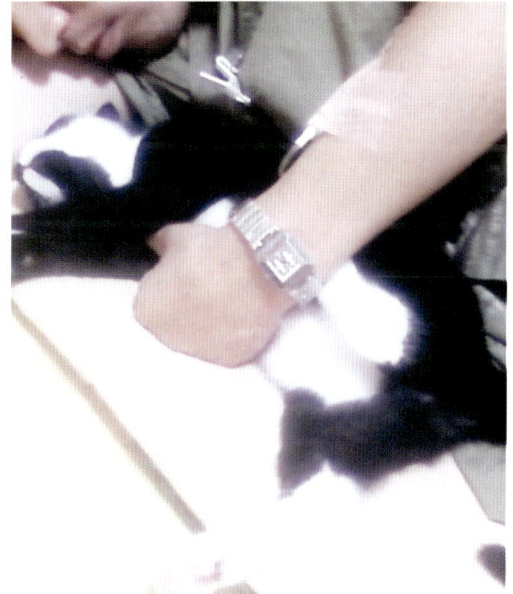
세상에서 가장 행복한 고양이로 살게 해 줬지.

우윳빛깔 털다리~
사랑해요 털다리~

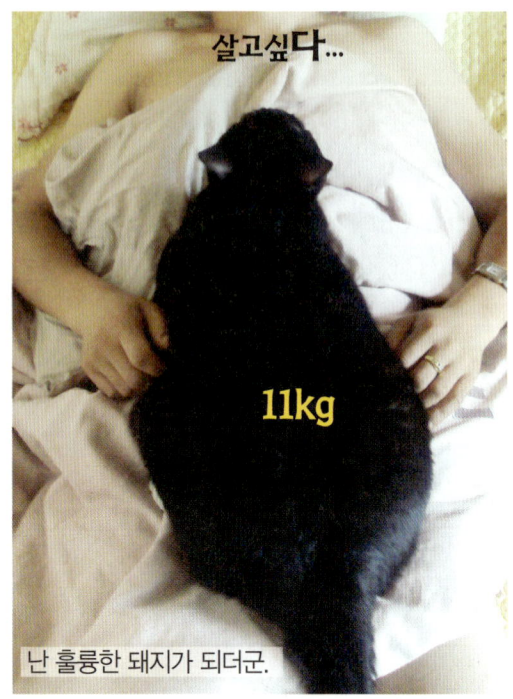

로빈이의 과거

별로 기억하고 싶진 않지만~

응

내겐 친엄마가 있었어.

집사가 **친엄마** 아녔어?

근데 어느 날 정신을 차려보니 길 위에 나 혼자더라고, 사흘 밤낮으로 이곳에서 엄마를 찾았지...

참...많이 울었어... 목소리가 안 나올 때까지... 울고... 또 울고...

저 멍청한 시키...

두려움에
소리 지를 때마다...
내게 돌아온 건...
누군가 던진
돌멩이뿐...

저런..

난 결국 지쳐 쓰러졌고...
생의 마지막 끈을
놓아버리려던 찰나...

기적 같은 일이
일어났지!

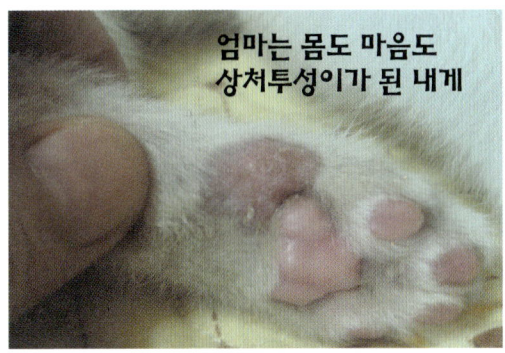

 # 안녕, 반갑다!

내가 한 살이 되던 해 어느 날…

집사가 동생이라며 이 녀석을 소개해줬어요.

음…

억지로 웃지 마, 시캬!

그리곤 첫인상이 중요하다며 표정관리를 부탁하더라고요.

어…엄마야!

쑤욱

안녕~

드디어 녀석과의 첫 대면!

걸신들린 녀석에게 식사예절도 가르치고

삶의 방향도 제시해주며 부지런히 녀석을 돌보기 시작했어요.

길에서 물 구경하는 게 하늘의 별따기보다 어려웠을 동생에게 물이란 생명줄과 같은 것!

그리고 빈틈없이 자는 법도 가르쳐줬더니

외출 전 꽃단장하는 법 등 여러 가지를 일깨워줬어요.

그리하여 많은 가르침을 사사받은 녀석은 저의 완벽한 껌딱지가 되었죠.

그런데... 뭔가 잘못돼간다는 생각이 들더라고요.

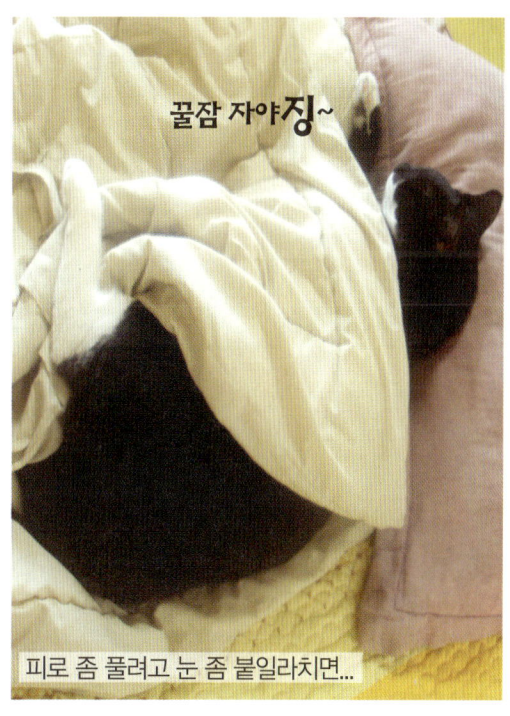
피로 좀 풀려고 눈 좀 붙일라치면...

 ## 사냥은 이렇게 하는 거~

저... 저것은!!!
어느 날 파리 한 마리가 들어왔어요.

파리??

왜 그래?
형~ 저기 봐~
당장 형에게도 알려줬어요.

뭐~

빨리 잡아~ 집사아~~

음냐~

으악! 파리 어딨어! 니들 먹은 건 아니지?! 다들 비켜어억~

뭐지... 이 붕신 돋는 사냥법은...

하지만 깨달음을 얻고도 뭔가 찝찝한 기분이 들었던 그런 날이었어요.

 폭풍간지

어느 날 엄마가 멋진 옷을 입혀줬어요.

멋지다는 칭찬에 기분 좋게 놀고 있는데

형이 내 패션에 찬물을 끼얹고 지나갔죠.

전 당장 엄마한테 다른 옷을 요구했어요.

에피소드 3

에미야! _ 에미를 부르는 고양이들!

🔽 [순돌이] 에미야~ 날 굶길 셈이냐?

🔽 [리타] 에미야~ 벽지 바꿔야겠다!

🔽 [봉식] 에미야...용돈 좀 다오!

🔽 [이분의 나이는 현재 14살! 무병장수 고양이의 표본이 되고 있는 카이] 에미야~ 나 오늘 김 할망구랑 소개팅 있다.

마음은 청춘이돠

약속시간 다 됐군

🔽 [리타] 에미야... 나의 떡실신을 경로당에 알리지 마라.

목디스크..띠바..

🔽 [봉식] 에미야~ 보일러 좀 꺼다오!

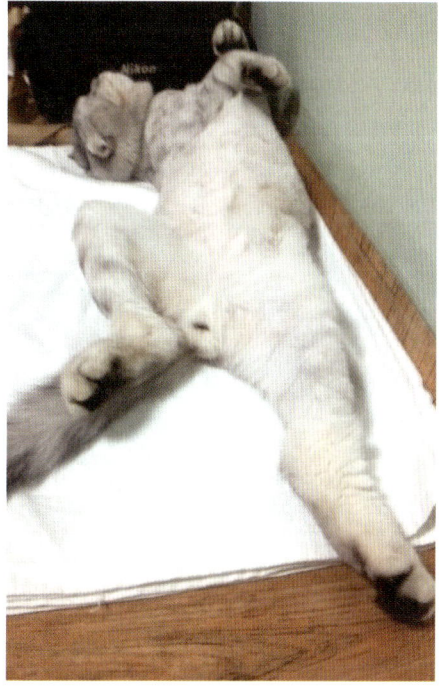

🔽 [멍멍 순돌] 에미야~ 나 오줌 쌌다~

옳거니~

기저귀 좀~~

🔽 [쿤이] 에미야. 미용실 바꿔다오.

영 마음에 안들어..

🔽 [만두] 에미야~ 나 춤바람났다~ 얼쑤~~

룰루랄라~

덩실덩실~

⬇ [리타] 에미야...수건에서 냄새나더라...

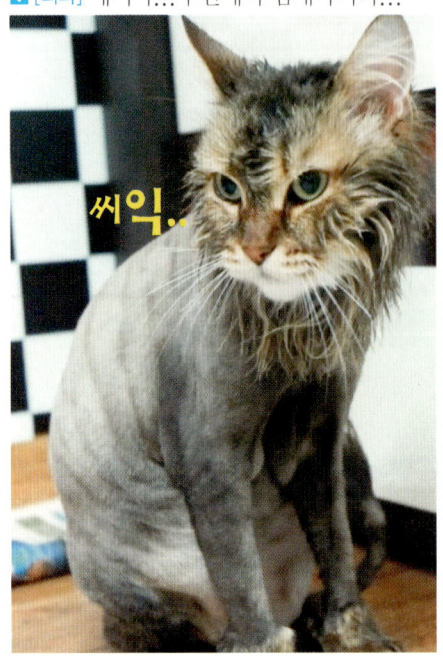

⬇ [라기] 에미야...냄새나는 수건이라도 좀 다오...

⬇ [양이] 에미야. 나 좀 눕혀다오.

빨리 눕히지. 굼뜬 에미뇬.

🔽 [라기] 에미야~ 낮술 했다~

에미야~ 김 여사한테 전화 좀 넣어봐라.

알고보니 경로당 카사노바 영감탱이

🔽 [쿤이] 에미야~ 지팡이 좀 갖다다오.

어우 허리야..

🔽 [봉식] 에미야~ 나 운동 시작했다!

헛둘헛둘

🔽 [리타] 에미야. 웃어라.

멸..치...해라.

🔽 [만두] 에미야! 나 화장실 급하다!

⬆ [로마] 에미야~ 대답 좀 해다오~~

동생이 생겼어요!

어느 날, 공원을 산책하다가 초등학생들의 손에 하루종일 들려 다니며 울고 있는 새끼고양이 한 마리를 구조했다는 연락을 받았어요. 입양 보내기 전, 임시보호를 해주기 위해 새끼고양이를 데리러 갔어요.

안녕~

그 집으로 가서 녀석을 본 순간!

엄마 좀 찾아주세여~

어... 그...그래...

임시보호는 개뿔~ 첫눈에 반해버렸어요. 쿨럭~

덥석

난 또..
어디로...

'넌 이제 내 새끼다'며 녀석을 안아 올렸고

짜잔~ 순간이동~

여긴 어디?

순식간에 이 녀석은 저희 집으로 오게 되었어요. 털다리가 지어준 제국이라는 이름과 함께!

쿨쿨~

녀석, 힘들었나 보군~

어미와 떨어져 힘들었던지 내려놓자마자 미친 듯이 잠만 자는...

시키, 겁나 오래 자네...

쿨쿨~~~

반면, 또 하나의 동생이 생겨서

갑갑하기 그지없는 로마흥.

두 형들과 제국이의 파란만장한 묘생은 이렇게 시작됩니다.

형들 덕분에!

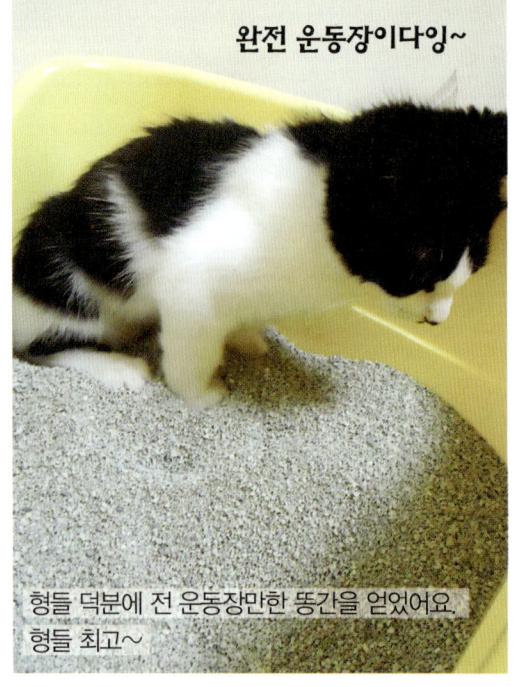

 **비법전수**

심각 시앙각
저거슨.....!
엄청 심각한 제국이!

왕꿈틀이??
살랑~살랑~
대형 떡밥 발견!
돌빡형아 꼬리에 넋을 놔버렸어요.

내가 찜했어! 오예~
덥석
꼬리에 영혼을 빼앗겨버린 듯 결국 못 참고 잡았어요.

악악~ 내 꺼야~~
어.이.없.음.
그러나, 설렘도 잠시 형아가 꼬리를 빼버렸어요.

동생한테 뽐내던 중 급묘안이 떠오른 돌빡형아!
꼬리 대신 리모델링 비법을 전수해주기로 했나 봐요.

처음 보는 신기술에 눈을 떼지 못하는 제국이!

잘 가르쳐야 된다는 압박감에 돌빡형은
최선을 다하고

박스를 넘겨주고 갑니다.

135

형아가 오케이할 때까지! 아자~~

귀한 비법을 전수받은 제국이.

뭐해, 이눔시캬!!!

헉! 들켰군...

부시럭 부시럭

쯔쯔 엄마한테 처맞겠군...

한편, 정신없는 동생들을 지켜보던 로마횽.
혼란을 틈타 제국이 밥을 훔쳐 먹어요.

들킨 후에도 포기하지 않고 제국이 사료를
찾으러 돌아다니는 모태돼지 로마횽.

 **형아들만 믿었는데!**

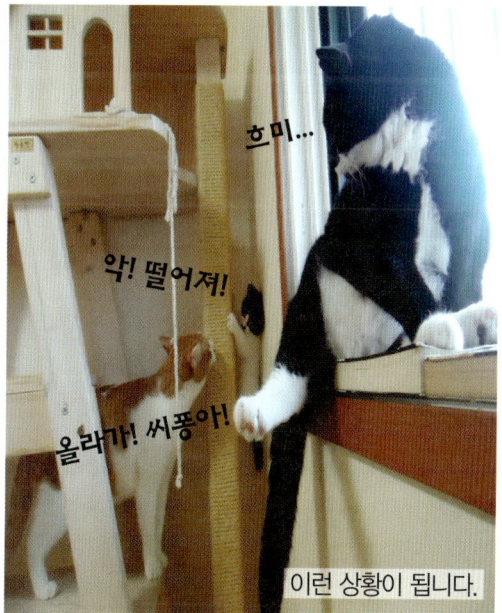

우리도 쉬고 싶다!

다리가 짧다는 이유로 형아들은 우다다놀이에 제국이를 끼워주지 않아요.

 여기서 빠져나가야 해!

우왁~
모기장을 본 제국이!

흠... 좋군!
나 봐~
형들이 보는 앞에서 신세계로 빠질 준비를 합니다.

척~
신세계로 들어가려는 제국이의 첫걸음.

아...
더 이상 못 올라가는 다리 짧은 제국이

한참 후, 나오다 말고 떡실신한 제국이.

축 기절

저렇게 놀고 나면 한참을 자는 제국이에요.

고양이키우는마녀

지현공쥬

씨퐁

그리고... 저런 제국이를 보러 왔었던 고다 대포 여신들. ㅋ

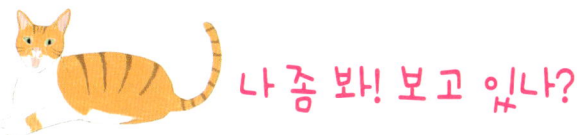

나 좀 봐! 보고 있나?

혀어엉~

눈 마주치는 순간...
끝이다아...

보면 안 되...

먼저 눈 마주치는 형이 제국이의 놀이상대!

눈 마주쳤다.
씨쭁

ㅈㄴ 축하~

돌빡형 당첨!

오지 말고 거기서 말해!

형!

반응 없는 고객들에겐 찾아가는 서비스.

153

형들이 그랬지

내가 배운 건...

바로 저런 거~

옳거니!

아무 데서나 잘 자야 되는 거야...

돌빡형이 편안하게 잤던 어린 시절.

수면의 정석을 보여주는 천사 같은 로마흥.

형아들의 가르침대로 정말 자유롭게 잘 자는 제국이입니다.

그리고, 엄마 말도 잘 듣는 착한 아이예요.

꾸기~
다리 좀 조신하게~^^

응? 다리?

됐냐?!

착!

 # 마법의 모자

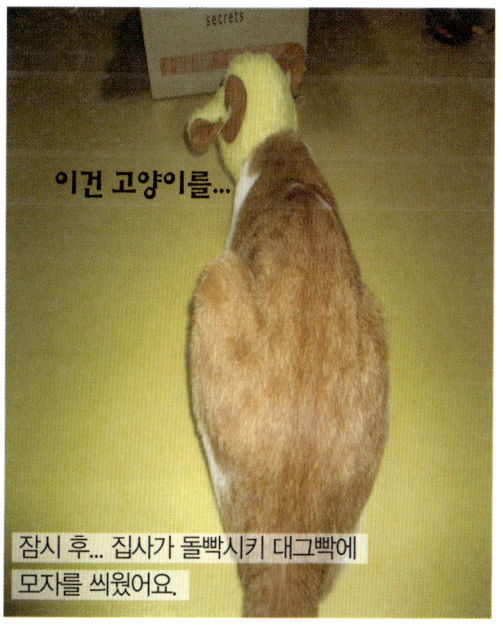

남의 집 애들은 그렇게 이쁘더만...
거 참 희한하네;;;

 # 기생충

로패밀리 모두 약 먹고 위생과 청결에 힘쓰며 회충 박멸에 최선을 다했어요. 하지만... 기생충은 아무것도 아니었다는 걸 알게 되기까지는 얼마 걸리지 않았습니다.

 ## 청천벽력 같은 한 마디

뛰어노는 시간보다 누워있는 시간이 점점 더 많아지는 제국이. 병원에 갔더니 회충 치료 회복기에 있어서 기운이 없다고 했습니다. 하지만 아무래도 제국이의 배 모양이 이상해서 다른 병원을 찾아갔습니다. 검사 결과는 입을 다물지 못할 만큼 충격적이었습니다. 제국이의 뱃속은 이미 복수가 차 있었고, 복수 채취 검사 결과… 복막염이라고 했습니다.

복막염… 복막염… 복막염… 복막염이라…….

아직까지 치료 방법도 완치도 없다는 그 죽음의 병… 고양이 복막염이라니, 제국이가? 의사 선생님의 청천벽력 같은 한 마디에 어쩔 줄을 몰랐습니다. 집사가 해줄 수 있는 일은 고작 제국이의 남은 생을 최대한 편하게 해주는 것과 때가 되면 편하게 보내주는 거, 이게 전부라 했습니다. 하지만 전 인정하지 않았습니다. 인정할 수 없었습니다.

제국이는 절대 죽지 않을 것이라고 믿고 또 믿었으니까요!

병원을 갔다 온 제국이는 자기가 무슨 병인지, 왜 아픈지 알 리가 없습니다.

왜 어지럽지?

마음처럼 몸이 안 따라줍니다..

내 동생 곧 낫는 거지, 집사?

전 이번에 알았습니다. 고양이도 아픈 녀석은 알아보고 배려할 줄 안다는 것을요...

아가, 그루밍 해? 힘들면 안 해도 되. 엄마가 닦아줄게...

하루하루 죽음과 싸우고 있던 제국이가 어느 날 밤, 실낱같은 희망을 줍니다.

제가 할 수 있어요, 엄마^^

기적도 없는 병이라는 걸 알고 있지만, 순간 오진이라는 기적을 바라기도 했습니다.

2011년 10월 10일

스스로 먹지 못하는 어린 고양이. 한 걸음 한 걸음 내딛는 것조차 힘겨운 어린 고양이. 고통에 잘 수도 없는 어린 고양이… 제국이입니다.

왜 걸을 수 없는지, 왜 삼키지 못하는지 제국이는 이해할 수 없나 봅니다. 가까이 놔둔 물그릇과 화장실을 마다하고, 건강했을 때 형아들이랑 같이 마셨던 물그릇, 그리고 형아들이 쓰고 있는 화장실만 찾아 기어 다닙니다. 그냥 앉은 자리에서 똥오줌을 싸도 뭐라 하는 이 아무도 없건만, 기어이 기어서라도 화장실 가려고 애쓰는 모습을 보고 있노라면 태생적으로 깔끔 떠는 그 본능이 이럴 땐 참 야속하기만 합니다.

하루하루 흘러 복수가 찬지 10일째 아침, 제국이가 온 힘을 다해 울고 있었습니다. 화장실 가던 도중 자기 의지와는 상관없이 맨바닥에 오줌을 싸고는 당황한 눈빛으로 절 보며 서럽디서럽게 울고 있었습니다. 이 가여운 녀석을 안고 눈을 맞추며 괜찮다고 수없이 말해주는데도 그렇게 서럽게 웁니다.

그 뒤로 제국이는 꼼짝도 안 하고 웅크리고만 있더니 급기야 피를 토합니다. 그리고 고통에 힘을 쓰다가 항문으로 썩은 뭔가도 나왔습니다. 힘없는 비명도 지르기 시작했습니다.

그냥 보고만 있을 수는 없었습니다. 괴로움에 몸부림치고 있는 이 어린 생명을 위해 두 손 놓고 보고만 있을 순 없었습니다. 그 순간, 제국이의 고통을 당장이라도 멈추게 해줘야겠다는 생각뿐, 다른 생각 따윈 들지 않았습니다.

제국이를 수건에 싸 안고 "조금만 참아, 조금만…"이라는 말만 넋 빠진 사람처럼 웅얼거리며 병원으로 향했습니다. 병원문을 열고 들어가자마자 소리소리 질렀습니다. "선생님! 우리 애 안락사 좀 시켜주세요! 빨리요! 안락사… 안락사… 우리 제국이… 안 아프게…" 그리고 참고 있던 울음이 터져 나와 더 이상 말을 잇지 못하고 주저앉아버렸습니다. 놀라서 뛰쳐나온 선생님이 제국이를 진료대 위에 눕혔고 이리저리 살펴보시더니 마지막 말을 남기라고 했습니다.

"사랑해, 제국아. 널 꼭 기억할게."

제국이는 엄마 아빠의 마지막 말을 들으며 마취가 됐고 품 안에서 자는 듯이… 그렇게 숨을 거두었습니다.

'조금 덜 아플 때 보내줄걸… 내 욕심에 널 많이 힘들게 했어… 미안해, 아가야… 미안해…….'

2011년 10월 10일 저녁, 제국이는 4개월의 짧은 생을 마치고 별이 되었습니다. 편히 쉬거라… 로제국… 무지개다리 넘어지지 말고 조심히 잘 건너렴…….

다음 생에는
길고양이로 태어나지 말거라.
어쩔 수 없이
또다시
고양이로 태어나거든,
엄마한테
한 번 더 와주겠니?
사랑한다,
아가...

에피소드 3

고양이상사 직급별 직원들! _ 고양이들의 다양한 표정과 포즈! 고양이상사 직원들을 소개합니다.

🔽 [카이님댁] 디자인실 실장님. 능력 좋은 세련된 도시 여자임

꼬라지들하고는!

🔽 [루이까미님댁] 업무 능력이 탁월한 부장님

이것밖에 못해?

🔽 [루이까미님댁] 고객님의 염장을 담당하고 있는 상담원

고갱님~워~ 워~

🔽 [만두님댁] 주로 심부름을 담당하고 있는 만대리

🔽 [마코토님댁] 늘 가슴에 사직서를 품고 다니는 한 많은 대리

🔽 **[고양이키우는마녀님댁]** 스트레스 받은 만년 과장 쿤과장

하아...

산재신청을...

탈모생김

⬇ [로마맘님댁] 연봉 동결 소식에 절망하는 똘과장

처자식이 운다..ㅅㅂ

⬇ [로마맘님댁] 출근하자마자 멍 때리는 로과장

머엉...

아무도 없군

악! 들켰다악!

알고 보니 로과장은 산업스파이

🔽 [뱅이엄마님댁] 작업반장 뱅반장

🔽 [참치중독님댁] 회사에서 숙취 해소하는 특이한 참과장

🔽 [촤코쿡휘콩이삼남매님댁] 몹쓸 사내커플

🔽 [고양이키우는마녀님댁] 사내커플 발견하고 히스테리 부리는 찬과장

🔽 [얼풀님댁] 뻔뻔한 사내커플

⬇ [엘르님댁] 야근 소식에 기겁하는 땡대리

⬇ [엘르님댁] 탁월한 업무 능력으로 고양이상사 유일하게 고속 승진한 여자 이사

⬇ [멕시님댁] 야근하다가 빡친 리대리

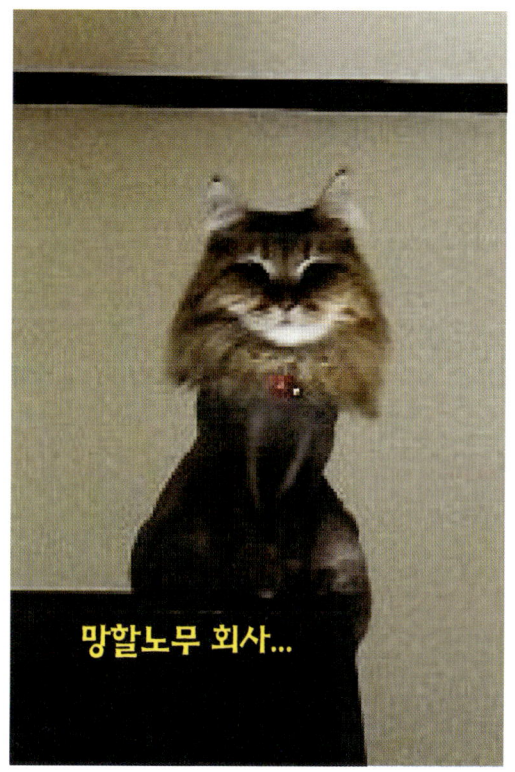

⬇ [루부장님댁] 업무 시간의 무료함을 늘 잠으로 달래는 루부장

🔽 [얼풀님댁] 빌딩 주차관리소장

🔽 [고양이키우는마녀님댁] 사내식당 조리사

🔽 [로마맘님댁] 점심시간은 칼같이 지키는 로과장

🔽 [만두댁님댁] 사장실 비서실장

🔽 [살앙이님댁] 똑 부러지는 물류센터 살사원

🔽 [고양이키우는마녀님댁] 실적 저조한 영업부 쩌리 직원들

🔽 [바라기님댁] 술 덜 깬 바과장　　🔽 [withsoulandlote님댁] 회식 자리 떡실신 된 부장님

🔽 [만두댁님] 꽐라 돼서 택시 잡으러 가는 만부장

🔽 [고양이키우는마녀님댁] 통간에서 기절한 꽐라 된 찬과장

🔽 [로마맘님댁] 회식 자리 로대리

무식하고 용감한 로마흉

웡? 뭐지~??

제국이 없는 일상이 익숙해질 무렵의 어느 날, 집사가 정수기 물을 빼는 현장에 로마흉이 기웃거려요.

곧바로 자리를 잡고선 한 곳만 노려보고 있어요.

졸졸졸~~

·······!!

혼자 완전 심각한 로마흉.

내 구역에 뭐 있다.

꼼짝도 안 하고 노려보고 있던 중!

# 털다리가 출장 간 일주일 동안 로마는!

털다리가 일주일간 출장을 갔습니다. 털다리 없는 로마는 정말… 아흑… 동요 〈앞으로〉를 개사했더니 로마한테 딱이네요.

옆으로~

옆으로~

옆으로~ 옆으로~

구르는 망부석이 되어가는 로마흉...

아무리 뜯어말려도 소용없어요.

오매불망 털다리만 기다리는 로마흉.

드디어 일주일 만에 털다리가 왔어요!

기다림을 아는 고양이. 그리움을 아는 고양이.
오직 한 사람만을 사랑하는 고양이. 로마입니다.

평상시 둘의 모습

투표 결과 기다리던 로씨 형제

투표하고 올께욜~

투표가 있던 어느 날

말똥말똥

개표 시작한다

누굴 찍었는진 알 수 없지만 개표 상황 지켜보는 로마와 로빈이입니다.

으으...떨린다~

악~박빙이다
으으...

새해 로마형에게 바라는 소망 몇 가지

떡돼지에게 바라는 새해 소망이 있다면 말이지…….

1초...

그럼, 시작해볼까? 새해에는 눈 좀 감고 잤으면 하는 바람이 있다.

2초...

3초...

입도 좀 닫고 잤으면 한다.

혀엉???

왜냐하면 살았는지 죽었는지 늘 확인해야 하니까.

살아있어여... 커억 컥 컥 푸후~

정말 피곤한 일이다.

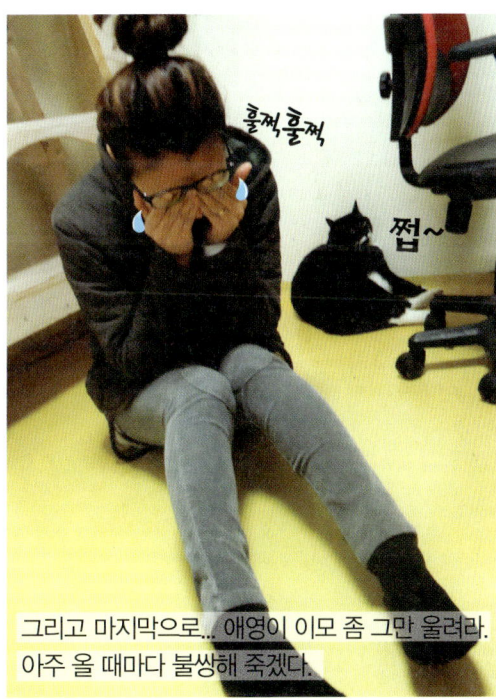

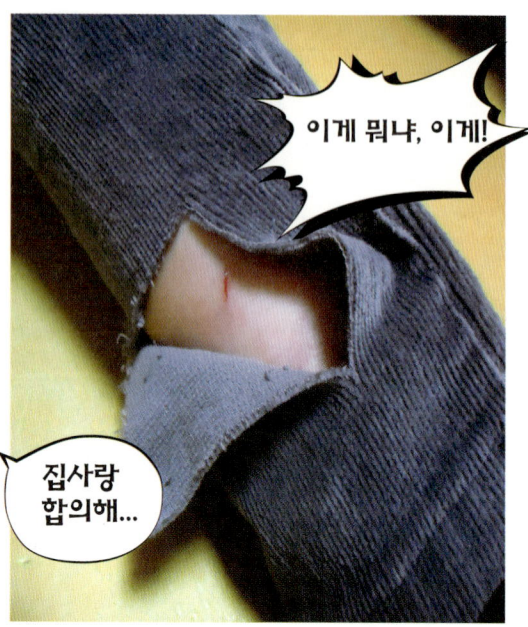

어디서 많이 뵌 분?

 ## 날개 돋는 친구

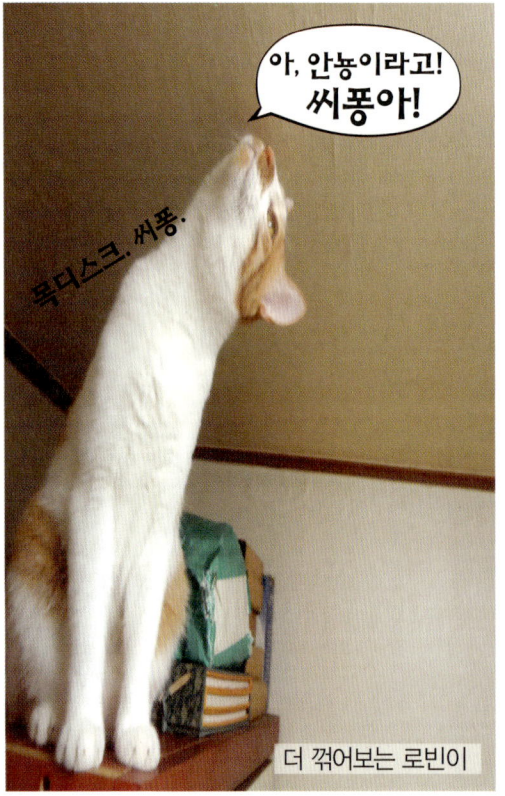

 또 물이 새요!

오늘도 변함없이 로빈이에게 궁디팡팡을 해주고 있는데

로마홍이 급하게 끌고 갑니다.

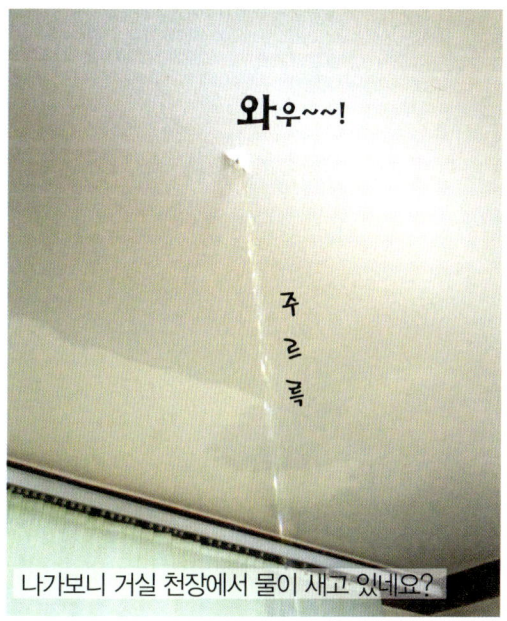
나가보니 거실 천장에서 물이 새고 있네요?

위층에서 또 뭐가 터졌나 봐요.

망연자실...

넋 빠진 형제들

쓰읍~~!

전문가를 부를까?

참다못한 로빈이가 전문가를 불러올까 합니다.

여기서 잠깐!
로빈이가 말하는 전문가는 누구인가?

몇 달 전 거실 천장에 물이 고이기 시작하더니
타조알처럼 불룩해지면서 질질 새기 시작했어요.

위층 배관이 터져서 그렇게 된 것!
그때, 기술자 아저씨가 오셨더랬죠.
아저씨는 전문가 포스를 뽐내시며 당당하게
식칼을 달라고 했어요. 드렸더니 완전
용감하게 이러셨어요.

말릴 새도 없이 바로 이렇게 됐고요.

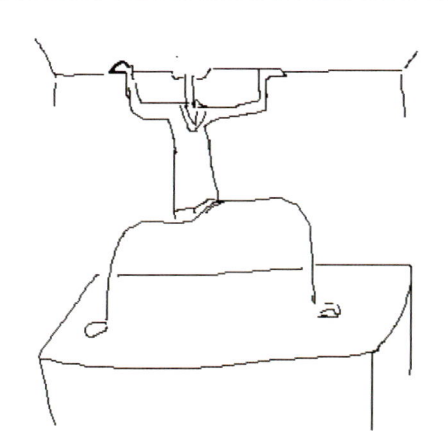

보고 있던 이들이 전부 당황하며 괜찮으시냐고
했더니, 다시 전문가 포스로 물 새는 위치 좀
찾아야겠다며 손으로 천장 석고를 뜯어 구멍을
냈어요. 그러더니 구멍 속으로 아주 힘겹게
머리를 집어넣으셨어요.

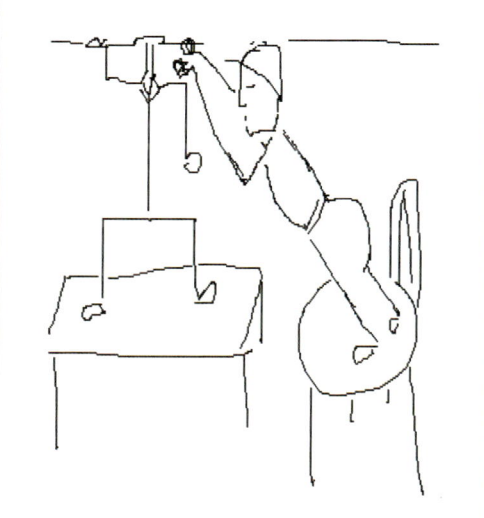

그러나 나올 때에는 머리가 이상하게 걸려 한참을
구멍 속에서 방황하셨어요. 결국 다른 기술자
아저씨가 석고를 더 뜯어내서 빼주셨죠.

219

 ## 니들 도대체 왜 이래?

난리법석 떠는 소리가 들려 보니까
로빈이가 이러고 있습니다.

그래도 좁은 데는 알아서 조심을 하더군요.
똑똑한 돌빡입니다.

혼자만의 뽕파티에 취해있는 로빈이를
구경하고 있는데

로마흉이 왔어요.

입고 있는 옷을 달랍니다.

처맞기 전에 달랍니다.

쿨하게 벗어줬어요.

씨퐁돼지는 그렇게 집사 옷을 뻥 뜯고선

어둠 속으로 사라졌습니다.

로마의 가출

2011년 3월 13일 오후.

여느 때와 마찬가지로 설거지를 하고 녀석들 화장실을 치우며 청소를 하던 중 로빈이가 이상행동을 하고 있는 게 보였습니다. 온몸에 털이란 털은 다 부풀린 상태로 정신 나간 고양이마냥 현관 앞을 끙끙대며 왔다갔다 안절부절못하고 있는 게 아닙니까. 순간, 뇌리에 번개처럼 스쳐 지나가던 두려움을 누르며 주위를 살폈습니다.

로마가 안 보입니다. 심장이 멎을 것 같은 그 순간 또 한 번 스쳐 지나가는 기억 속의 장면! 쓰레기봉투를 내놓느라 현관문을 열고 닫는 그 몇 초 사이에 로마가 나간 것을 보고 문을 닫아 버린 겁니다. 머릿속이 새하얗게 변하면서 신발도 안 신은 채 빌라 현관까지 미친 듯이 뛰어 내려갔습니다.

곧바로 제 눈에 들어온 로마의 모습! 로마는 으르렁 소리와 함께 잔뜩 놀란 모습으로 이웃 아저씨와 대치하고 있었습니다. 단숨에 로마를 안아 올리고는 아저씨를 보니 아저씨 또한 잔뜩 흥분한 목소리로 "키우는 고양이인 줄 몰랐습니다. 도둑고양이인 줄 알고 내보내려 했어요. 우리 집 문이 열려 있었는데 들어와서 오줌을 싸고 나갔거든요"라고 하셨습니다. 거듭 죄송하다고 말씀드리고 안고 있던 로마부터 부랴부랴 집에 데리고 왔는데……. 상태를 보니 참… 흙과 오줌으로 범벅된 몸뚱어리에, 입은 피범벅이 되어 있었습니다.

가슴팍까지 튄 피를 대충 닦은 후의 모습.

퉁퉁 부어버린 얼굴보다 흘러내린 피보다 마음의 상처가 더 큰 로마.

두들겨 맞은 줄 알고 심장이 오그라드는 걸 간신히 참고 상처를 자세히 살펴보니 송곳니 아래위 쪽 입술이 세로 모양으로 찢어져 있었습니다. 추측해 본 결과 로마는 집을 나간 뒤 다시 되돌아오기 위해 같은 라인의 다른 층 집 현관문이 열린 걸 보고 우리 집인 줄 착각하고 들어갔다가 너무 놀라 오줌까지 싸고 도망 나왔고, 아저씨는 그런 로마를 빌라 밖으로 내쫓기 위해 온 힘을 다해 빗자루로 위협을 했으며, 로마는 빌라 밖으로 안 나가기 위해 필사적으로 버텼던 모양입니다. 그때 빗자루를 물고 피하고 버티다가 생긴 상처인 듯했습니다. 아저씨 입장에선 편히 잘 쉬고 있다가 봉변을 당한 셈이나 마찬가지였을 터. 개만 한 고양이가 그것도 시커먼 떡대로 자기 집에 오줌까지 싸고 나갔으니 얼마나 놀라고 화가 났겠습니까. 이 모두가 제 불출로 일어난 일이라 입이 백 개라도 할 말이 없었습니다. 시간이 조금만 더 지체되었더라면 어찌 되었을지 생각만 해도 아찔합니다.
한편, 이 소식을 전해 듣고 빛의 속도로 달려온 털다리. 이 사단을 만든 제게 보자마자 "짐 싸라!"며 버러버럭 하더니, 씨퐁;;; 로마의 다친 몰골을 들여다보곤 할 말을 잃고 입을 굳게 다물었습니다.
어떤 이에겐 그저 도둑고양이일 뿐인 로마지만 털다리에겐 소중한 가족이자 사랑스런 자식이나 마찬가지이기에 이번 사건은 털다리에게도 큰 충격이었나 봅니다. 그렇기에 머리로는 아저씨를 이해하면서도 가슴으론 그게 안 되나 보더라고요.

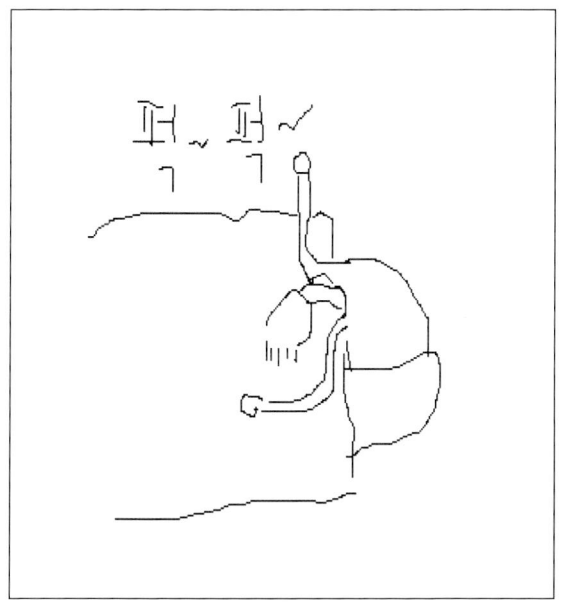

아깝다.
아깝다. 아깝다.
아깝다. 아깝다. 분하다.
아깝다아아아아아악~~~~~~~! 이럽니다.

뭐가 그리 아깝냐고 물어보니, 자기가 현장에서 로마를 발견하지 못해서랍니다.
"내가 봤으면 말이지!"라고 입을 떼더니 다음과 같은 망상을 늘어놓습니다.

털다리의 망상

사지에서 피 흘리는 로마를 발견!

꼭 로마가 보는 데서 분노의 옆차기로 빗자루맨을 때려눕힘.

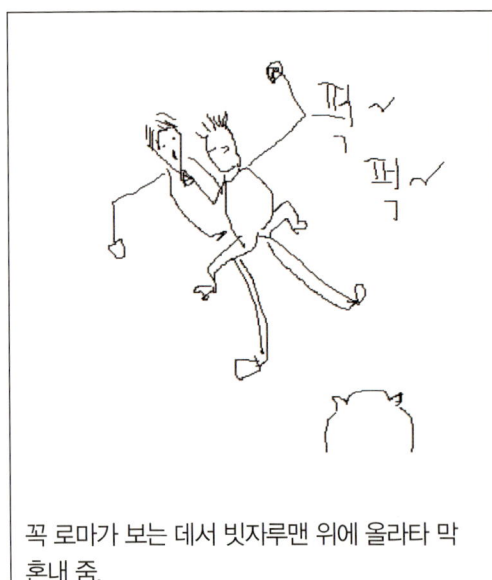

꼭 로마가 보는 데서 빗자루맨 위에 올라타 막 혼내 줌.

빗자루맨을 떡실신시킴으로써 로마의 한을 풀어 줌. 여기서 로마는 아빠를 더 존경하게 되고, 아빠는 로마의 영웅이 됨.

저 짓을 못해서 그게 그렇게 아깝고 원통하답니다.
그만큼 로마를 사랑하고 아낀다는 뜻이겠지만, 이건 뭐 애도 아니고;;;

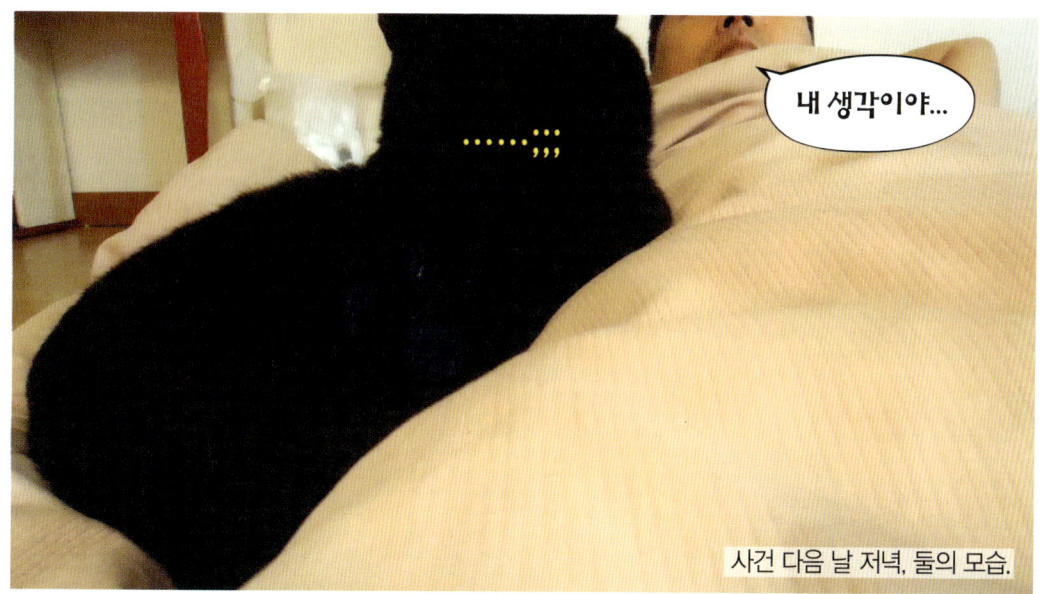

사건 다음 날 저녁, 둘의 모습.

이틀 동안 일도 하는 둥 마는 둥 로마만 위로해주고 있는 털다리.

털다리의 지극정성으로 로마는 생각보다 빠르게 몸도 마음도 회복이 되었습니다. 이번 사건을 계기로 전 '자나 깨나 문단속. 닫힌 문도 다시 보자. 휴일 없다 문단속'을 생활화하게 되었습니다. 마지막으로 형의 위급함을 온몸으로 알려준 로빈이에게 감사하고, 본의 아니게 놀라게 해 드린 이웃집 아저씨께도 죄송합니다.

에피소드 5
로마와 로빈이의 속담 공부

버
티
긔...

공든 식빵이 무너지랴.

내 욕 했어요??

고양이도 제 말 하면 온다.

나다

거기 누구?

문짝 밑이 어둡다.

돌빡시키

누구세여?

똥간 가는 길 좀……

아는 길도 물어가라.

그냥 싸. 시캬

천리길도 한 걸음부터... 떼기도 힘들다.

아니한 그루밍에 냄새나랴.

고양이도 밟으면

그냥... 잔다.

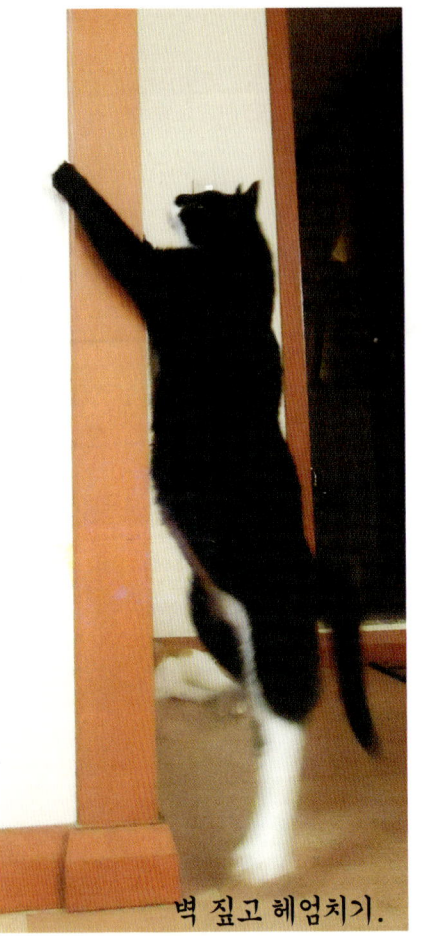
벽 짚고 헤엄치기.

좋은 발은 입에 쓰다.

콧구녕에도 볕 들 날 있다.

쌈줄도 단김에 빼라.

열 번 뜯어
아니 뜯어지는 벽지 없다.

짝
동생한테
뺨 맞고!

집사한테 눈 흘긴다.

6장
묘생역전 로또

 ## 살려주세요!

우리 집은 빌라 3층입니다. 2012년 3월 5일 오후, 현관문을 여는데 노랑둥이 한 마리가 쑥 들어오는 거예요. 3층까지 이게 뭔 일?

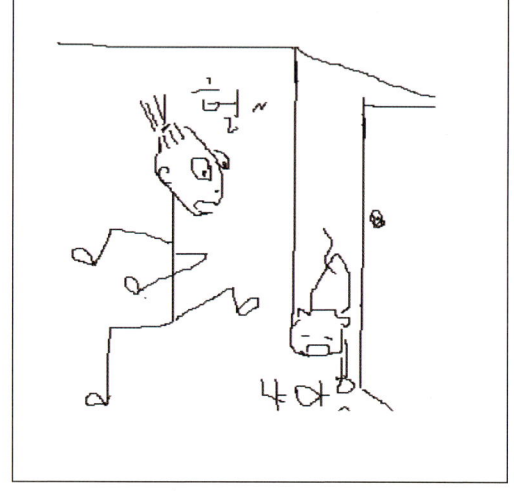

행색을 보아하니 길고양이가 분명하여 덥석 안고 내려가 빌라 주차장에서 밥을 먹이고…

"잘 가라~" 하며 돌아서는데. 울고불고 매달리며 지 죽는다고 난리;;;

나도 사는 것처럼 살아볼라고요~

그래서... 데리고 들어왔어요.

저..... 원래 곱게 자는 편인데...

시키... 집에 들어오자마자 이러고 떡실신을..

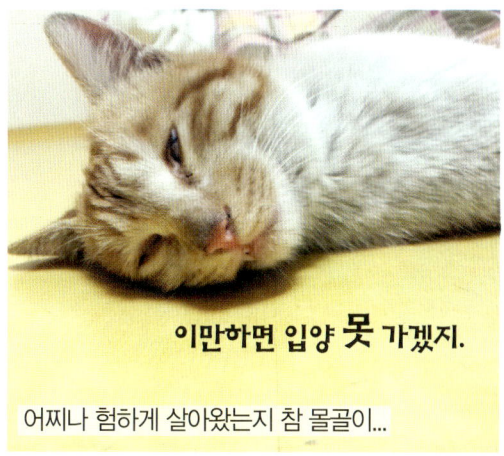

이만하면 입양 못 가겠지.

어찌나 험하게 살아왔는지 참 몰골이...

완전 따시다잉~

밖에서 뭘 잘못 주워 먹었는지 구토와 폭풍설사로 병원부터 갔다 왔습니다.

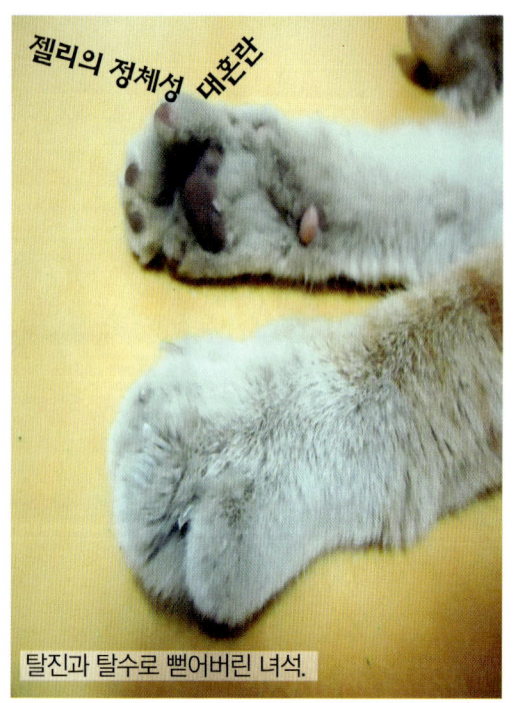

젤리의 정체성 대혼란

탈진과 탈수로 뻗어버린 녀석.

도대체 **넌** 어디서 온 뼈다구냐...ㅠㅠ

난 이제 여기서 사는 거다~!

아픈 놈이라 목욕은 엄두도 못 내고 그냥 둘이 같이 뒹굴고 잤더니 좀 뽀얘졌어요. 이불에 때 좀 닦은 듯...

한편, 굳게 닫힌 안방 문을 보고 비상사태임을 눈치챈 형제들.

뭘 어떡해, 시캬~ **교육** 드가야지.

집고양이가 된 길고양이의 한 달 후의 모습~
전문의 추정 나이 한 살 정도.
길에서 1년을 넘게 생고생했으니

이제부터 묘생역전하라고 털다리가 지어준
강력한 이름.

또라이몽이 된 로또

엄마... 어디 가지 마세요...

걱정 마, 아가...

춥고 배고프고 외로웠던 길생활에 지쳤는지 사흘 내내 집사 다리만 붙잡고 있던 또야.

따시고... 배부르고... 조쿤........

또야는 병원을 오가며 치료를 받고 안정을 취해 갔습니다.

너무 맛있어욜~

끝없는 식탐으로 폭풍설사를 하면서도 폭풍흡입하는 또야.

겁나 맛있어서 환장하겠어욜~

위로 처묵하고 밑으로 싸가면서도 기력을 회복하는 또야입니다.

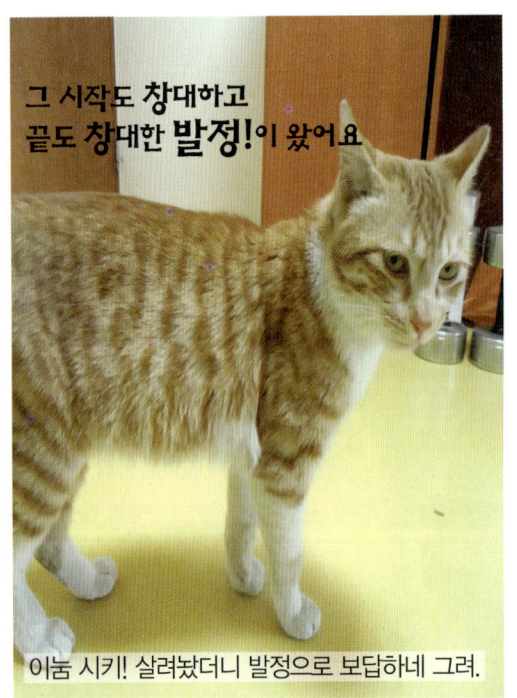

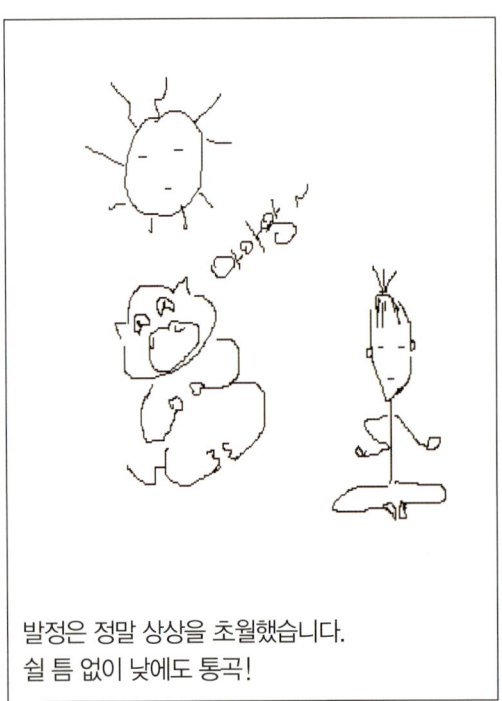

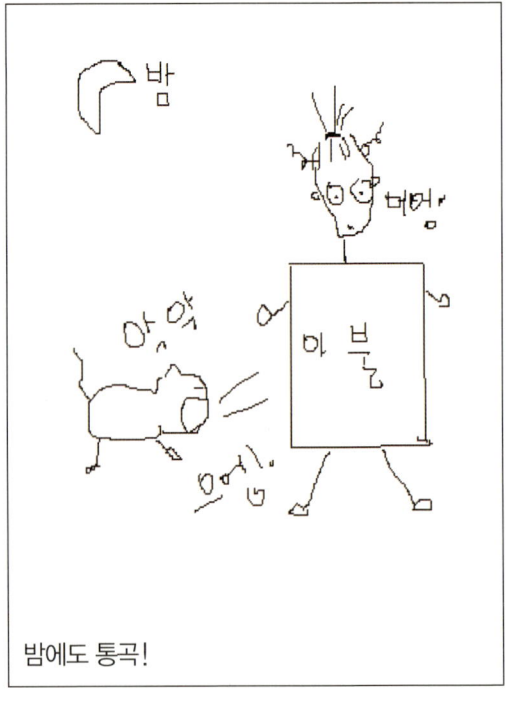

조용한 새벽, 동네 민원 들어올까 봐 집사는 본능적으로 장난감을 흔들게 됩니다.
울음과 동시에 반사적으로 말이죠.
그러나 효과는 전혀 없습니다.

잠 못 자고 며칠이 지나면… 새벽에 고양이를 어깨에 들쳐 업고 좀비처럼 방안을 서성이는 집사를 발견하게 됩니다.

잠시 어리둥절하던 똘몽은 더욱더 대성통곡을…
무릎 꿇어 빌어보지만 통곡을 멈출 순 없습니다.

너도 괴롭겠지만 이러다 나도 죽겠다.
그래, 너도 살고 나도 살자. 네게 새 생명을 주었고, 편안한 노후를 보장해 줄 것이고, 집고양이로서의 호사를 누리게 해주는 대신! 넌 내게 뽕알을 줘야겠다… 라고 설명하긴 개뿔~

243

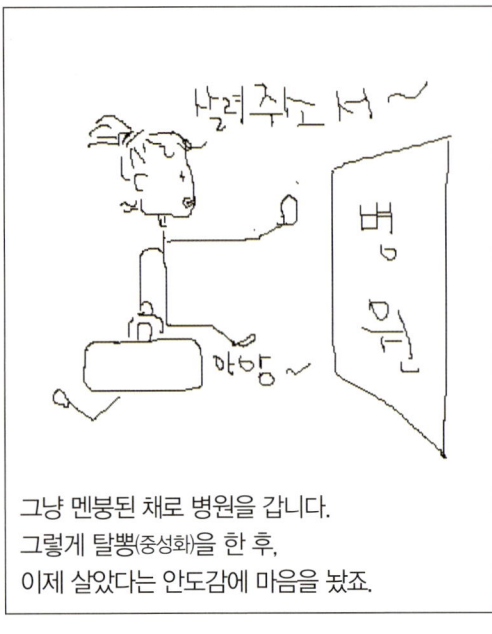

그냥 멘붕된 채로 병원을 갑니다.
그렇게 탈뿡(중성화)을 한 후,
이제 살았다는 안도감에 마음을 놨죠.

그러나, 남아있는 호르몬으로 또다시 지옥을 맛보게 됩니다.

발정 울음으로 잠 못 잔지 일주일을 넘기게 되니 다크써클과 함께 별의별 미친 상상도 하게 됩니다. 이 시키를 데리고 나가서 암놈을 만나게 해줘야겠다는 둥… 차라리 내가 암놈이었음 좋겠다는 둥… 난 왜 하필 정력왕을 구조한 것인가 등등……

미안하지만, 이제 넌 고자야. 쩝... 그만 울어도 돼.

뜹...

발정 지옥!
집사와 함께!

2주가 넘는 무서운 발정은 그렇게 대단원의 막을 내렸습니다.

 대략난감

하루도 빠짐없이 꾹꾹이를 즐기는 로마홍. 때와 장소를 가리지 않습니다.

지 딴엔 심각하지만 보는 이는 정말 살벌합니다.

뻥 뚫은 집사 옷을 물고

매번 이런 꼴로 다가오던 로마흉.

처음엔 당황스럽고 무서웠던 로빈이도
이젠 뭐 그러려니 합니다.

하지만 또야는!

니가 씨퐁새를 알아?

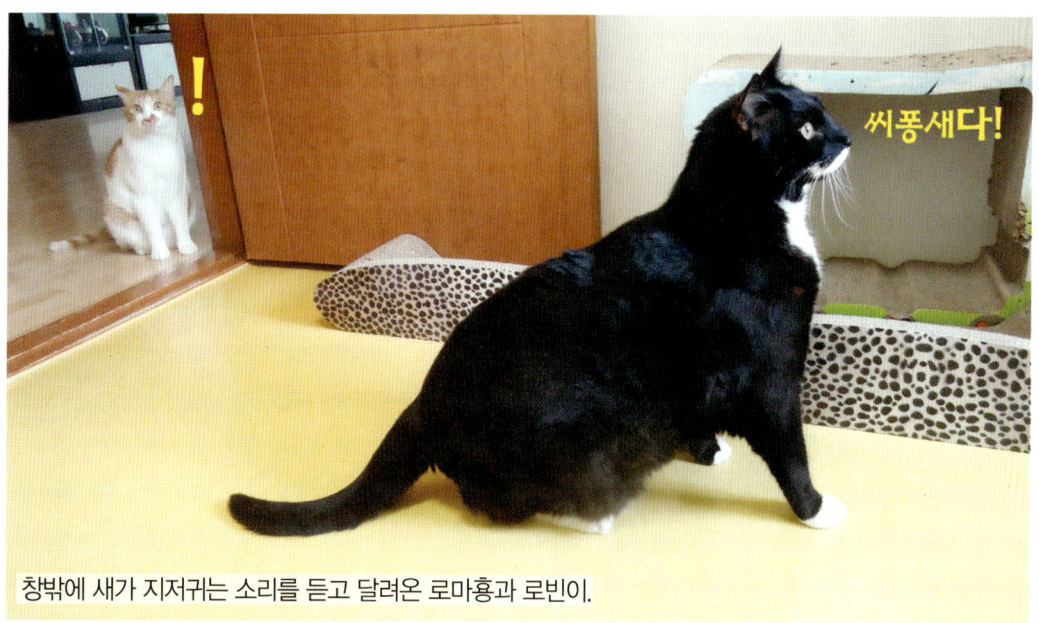

창밖에 새가 지저귀는 소리를 듣고 달려온 로마흉과 로빈이.

흉들! 서열을 정해보자!

길생활을 경험 삼아 서열 1위를 꿈꾸는 또야.

현재 서열 1위인 절대강자 로마흉!

그리고 서열 2위인 돌빡흉!

우선 이 형부터!

만만해 보이는 돌빡흉의 자리부터 넘보는 또야.

비켜, 씨퐁아!

오예~ 명분 생김~ **기회다!**

모든 싸움은 명분이 있어야!

싸움났다~ 히히

으에에에에아아앙 *&#$%^#$@

서열 싸움이 시작됐어요.

외면 외면..

방바닥에선 눈도 마주치지 말자~

저거 뺏어봐..   난 죽기싫음

부동의 1위 로마횽!

에피소드 6
야매미용
더위와 털과의 전쟁에서 야매미용을 택한 집사님들! 집사들은 털에서 해방되고, 내 고양이는 더위에서 해방될 수 있다는 신념으로 고심 끝에 미용기를 들지요.

애쓴다..쳇

미용 후 이판사판이 된 모습의 고양이를
보며 옷이라도 걸쳐주게 되는 집사들.

니도 밀자! 집사!

미용 후 집사와 맞짱뜰 기세로 돌변하는 고양이들!

때가 됐군   응...

집사들을 고뇌하게 만들고,
고양이들을 좌절케 하는 야매미용의 실력!

씨이..

하아..

공개합니다!

⬇ [미야님댁] 궁디에 알박기형 미용의 새로운 장을 연 작품

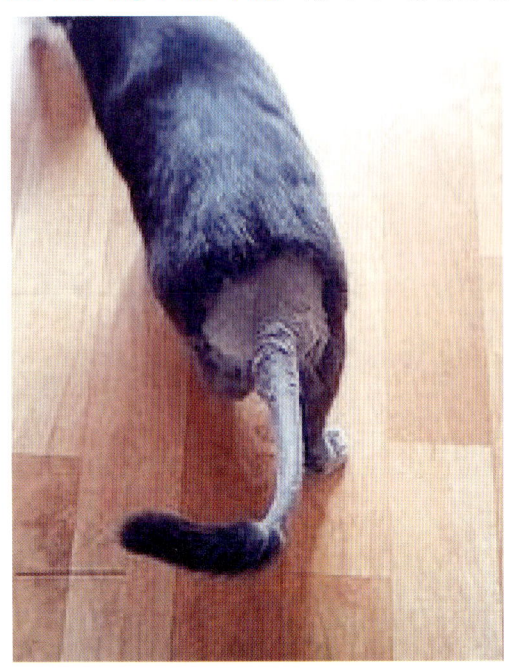
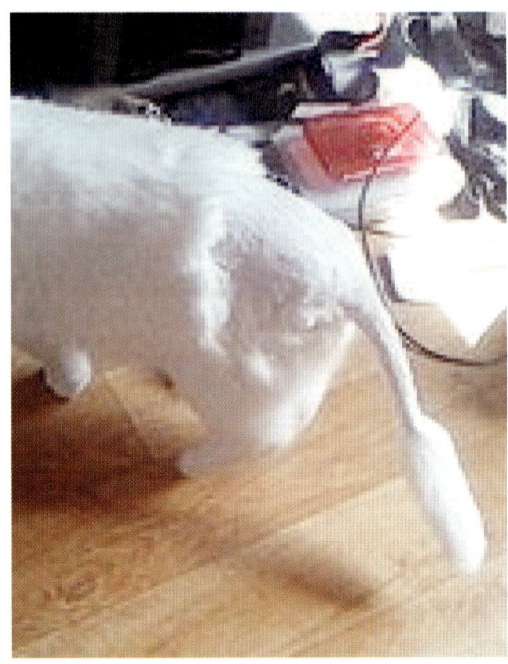

⬇ [쿤이] UFO형 볼때기를 재발견한 작품

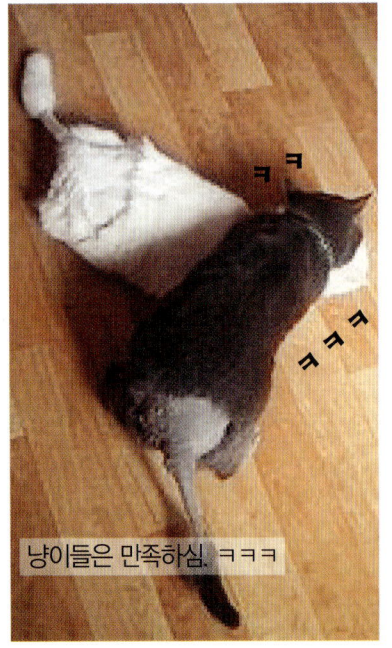

냥이들은 만족하심. ㅋㅋㅋ

멍……

🔽 [쿤이] 상고머리형 긴 목선을 강조하고자 노력했으나 쥐 파먹은 마감처리로 망한 작품

🔽 [찬이] 상누더기형 이건 그냥 상거지임

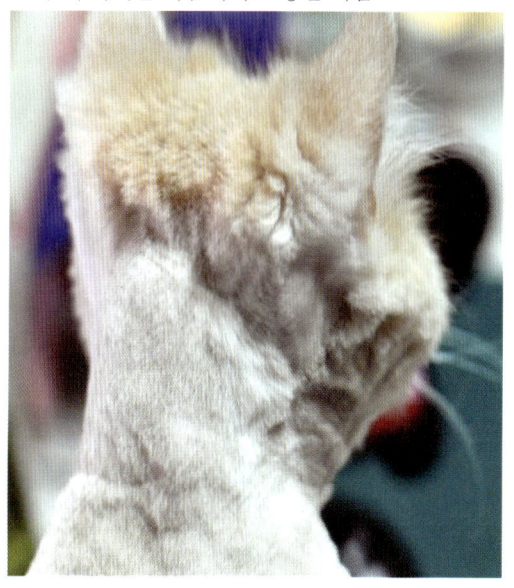

한결 가볍군

🔽 [만두] 무전취식형 빈티지를 꿈꾸다 망한 작품

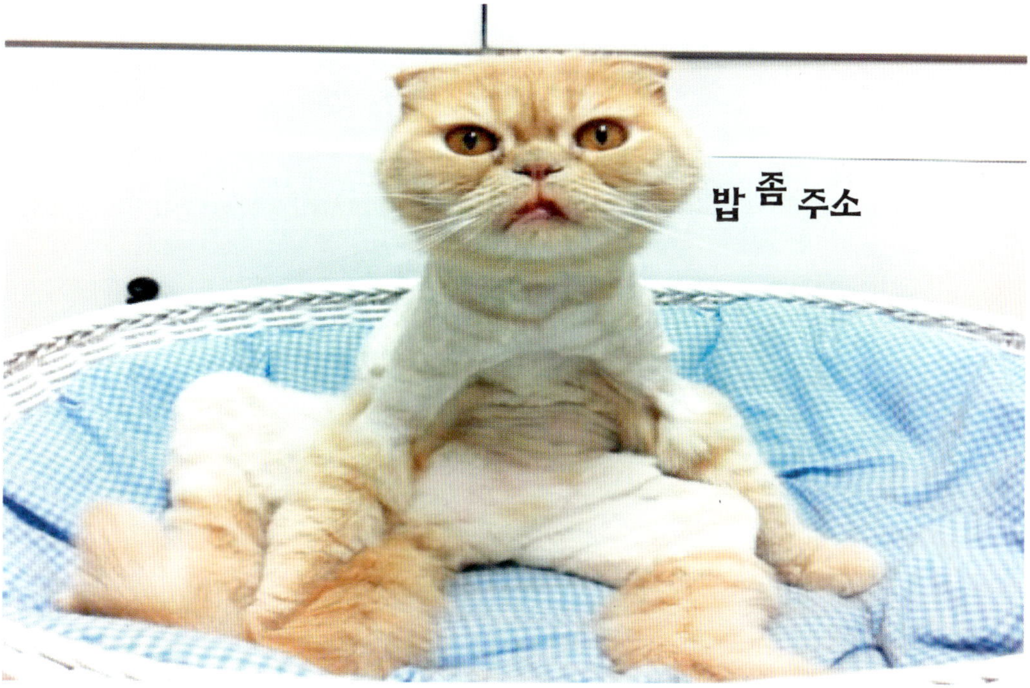

밥 좀 주소

⬇ **[봉식이]** 봉식아, 거울 보지 마;;

⬇ **대그빡에 둥지형** 밀다가 대그빡까지 그만...
흑흑.. 도리에 어긋나는 망작

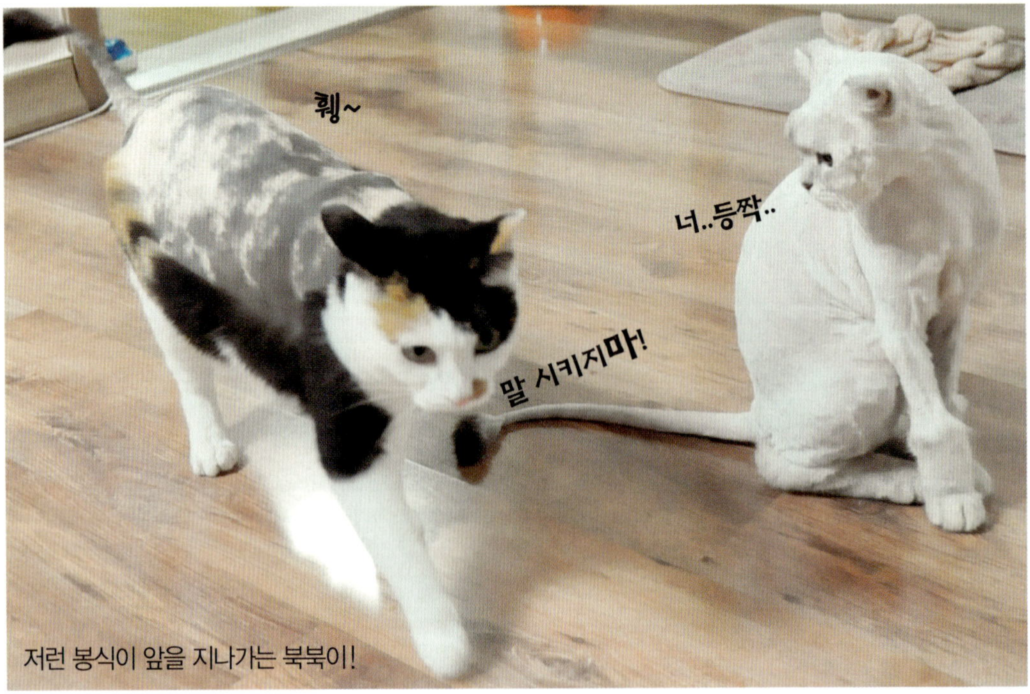

거울 좀...

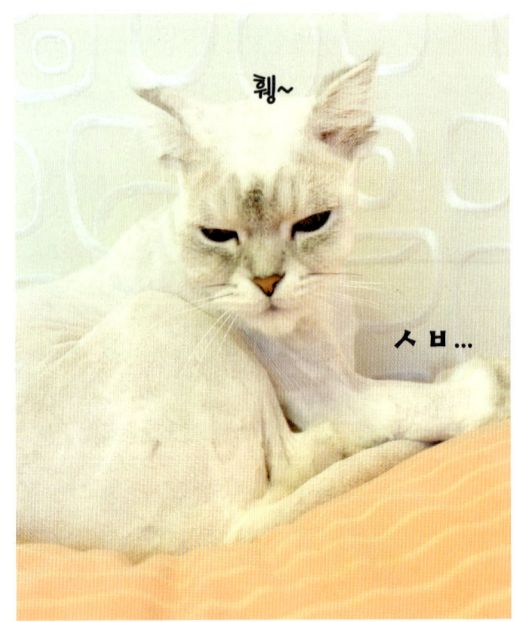

휑~

ㅅㅂ...

휑~

너..등짝..

말 시키지마!

저런 봉식이 앞을 지나가는 북북이!

🔽 **[북북이] 고속도로형** 투톤 컬러가 돋보이는 작품

🔽 **[우리]** 봉식이를 보며 위안을 삼는 마대자루 우리군

🔽 [이어지는 봉식이] 대그빡 각 돋네형 대그빡의 각을 절도 있게 잘 살린 야매미용 초고수 집사님의 작품

시러

추워서 그러는데 옷 좀 벗어줄래?

대그빡이여~ 솟아라~

음하하하하

사뿐사뿐

이번엔 만족하는구나? 다행이야~

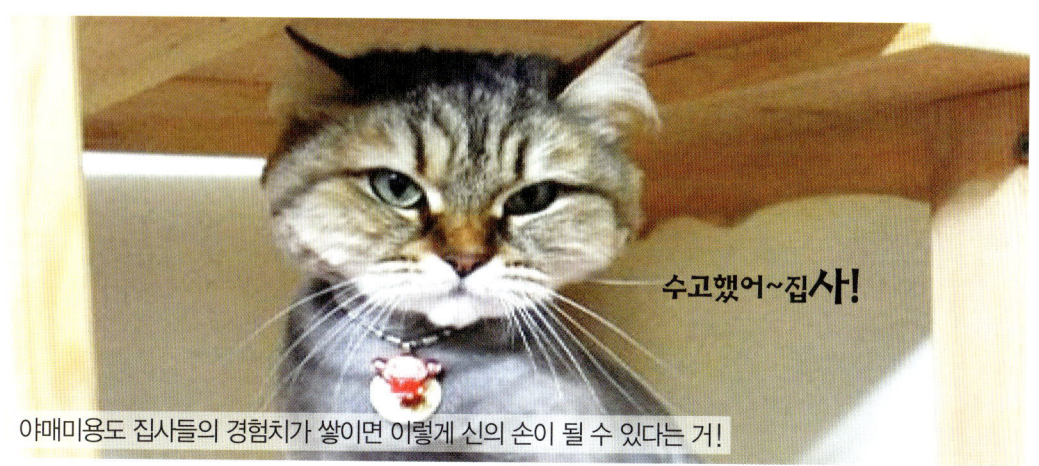

야매미용도 집사들의 경험치가 쌓이면 이렇게 신의 손이 될 수 있다는 거!

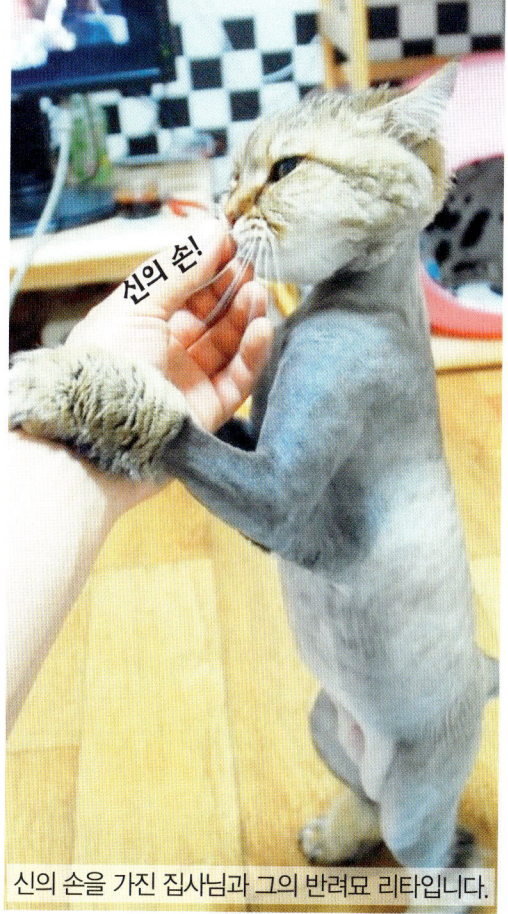

신의 손을 가진 집사님과 그의 반려묘 리타입니다.

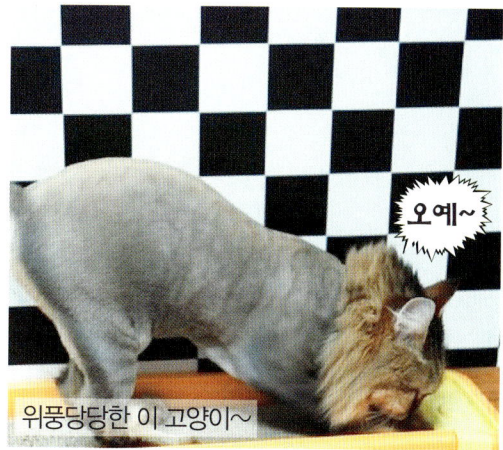

위풍당당한 이 고양이~

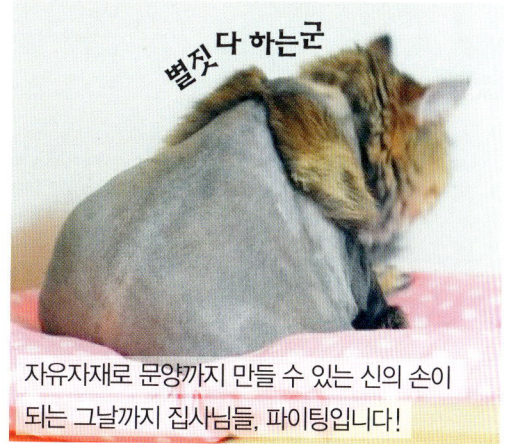

자유자재로 문양까지 만들 수 있는 신의 손이 되는 그날까지 집사님들, 파이팅입니다!

7장
오빠들을 접수하러 왔다!

 ## 죽어도 옷 보내!

평화롭던 또야의 일상에 큰 변화가 생겼습니다.

심란 심란
심란 심란
또야가 심란한 표정으로 바라보고 있는 것은 바로!

뭘 봐?
꼬물꼬물
쥐방울만한 콩이입니다!

각도 좀 제대로!
악악
초등학생이 들고 다니던, 젖도 안 뗀 꼬물이를 아는 이가 구조하여 데리고 왔습니다.

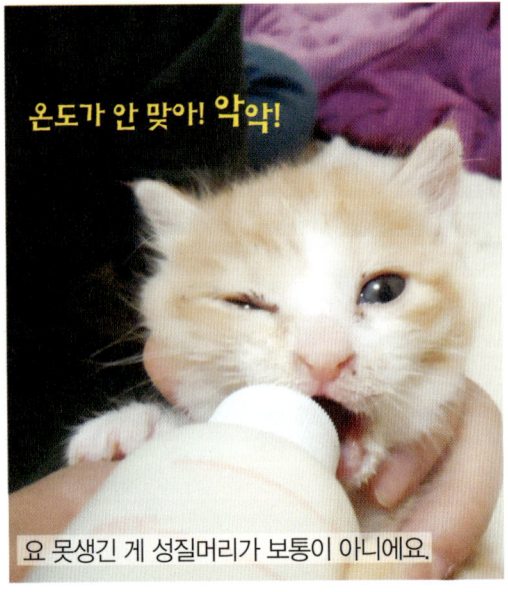
온도가 안 맞아! 악악!
요 못생긴 게 성질머리가 보통이 아니에요.

〈고양이라서 다행이야〉 카페에 입양 글을 올리고 좋은 가족이 나타나길 기다렸습니다.

로빈이의 걱정과는 달리 업둥대란 속에서도 콩이를 입양하겠다는 연락이 많았습니다.

그리하여 마음의 준비를 하고 이별의 그날을 기다리게 되었습니다.

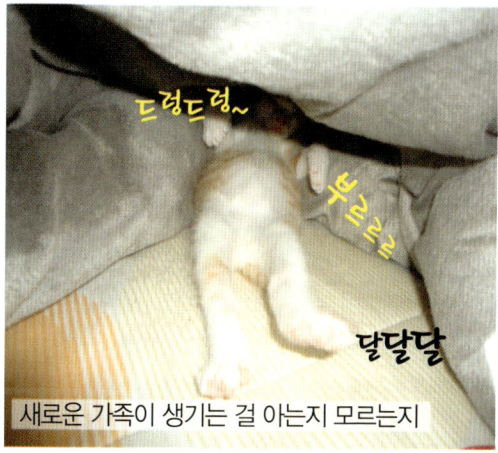

새로운 가족이 생기는 걸 아는지 모르는지

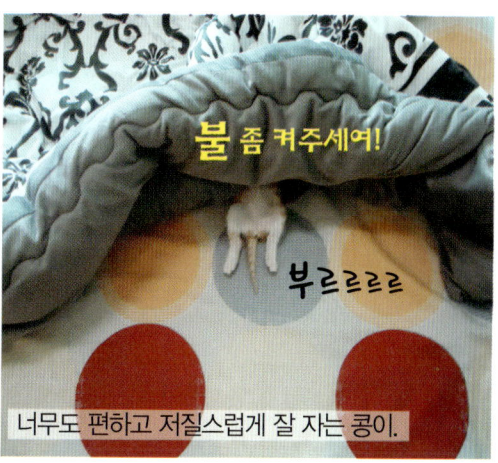

너무도 편하고 저질스럽게 잘 자는 콩이.

그렇게 입양 갈 준비가 다 된 와중에 털다리가 뜬금없이 하는 말이
"콩이가 간대? 콩이한테 물어봤어?" (얼씨구~) "누구 마음대로 보내?" (절씨구~)
"내가 먹여 살릴 테니 냅 둬, 그냥!" (지화자~) "이제야 집이 꽉 차 보이는구만~" (좋구나~) 이럽니다.

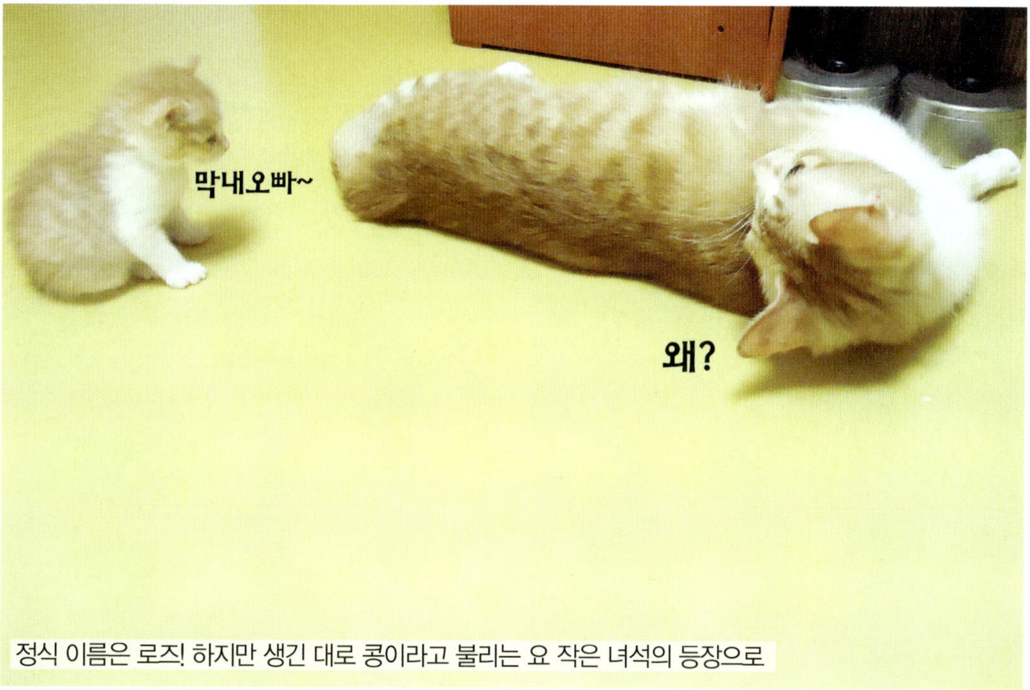

막내오빠~

왜?

정식 이름은 로지! 하지만 생긴 대로 콩이라고 불리는 요 작은 녀석의 등장으로

야아아아아~~

아악~~

오빠들의 고난과 역경은 시작됩니다.

오빠들의 근심거리 콩이

눈만 뜨면 오빠들을 찾아다니는 콩이. 광눈이처럼 여기저기 헤집고 다니는 콩만 한 콩이가 똥을 안 쌉니다. 분유 먹는 아깽이의 경우 2~3일 만에 싼다고는 하지만 그래도 걱정이 이만저만 아닙니다.

드디어 4일 만에 똥을 싼 콩이에요!

콩이의 득똥을 진심으로 축하하는 멋진 오빠들입니다.

로마홍이 입은 옷은 진돗개용

어느 날 아는 사람이 고양이 옷을 산다길래, "우리 로마도 입히고 싶은데 맞는 옷이 없어"라고 했더니 "언니! 로마한테 맞는 거 찾았어! 진돗개용 있다!"라며 기뻐했어요. 파시는 분이 "진돗개들 입는 사이즈인데 고양이 땜에 고민하냐?"고 버럭버럭 하셨다며 자신 있게 사 온 로마 옷을 선물로 줬어요.

예전에 고양이 옷을 입어본 후 다시는 고양이 옷을 걸치지 않았던 로마홍.

드디어! 로마홍에게도 맞는 옷이 생겼어요!! 라며, 기뻐했는데!

고양이용이나 진돗개용이나 뭐가 다름요??

그나마 스판이라 숨 쉬는 데 지장은 없는 듯

 ## 콩이를 설레게 하는 그 무엇!

난 큰오빠가...

만만한 돌빡오빠와 똘몽오빠와는 달리 좀 어려운 상대지만 그래도 큰오빠가 참 좋은 콩이!!

젤 멋있어욜~

돼지 최고~

그런 콩이 눈에 뭔가가 들어왔어요.
으응??

저...저거슨!!

잡고 싶어!
뭘 잡고 싶어? 콩아~

우왁~
왜 그래?

엄마도 보여?
뭘??

천하무적 콩이

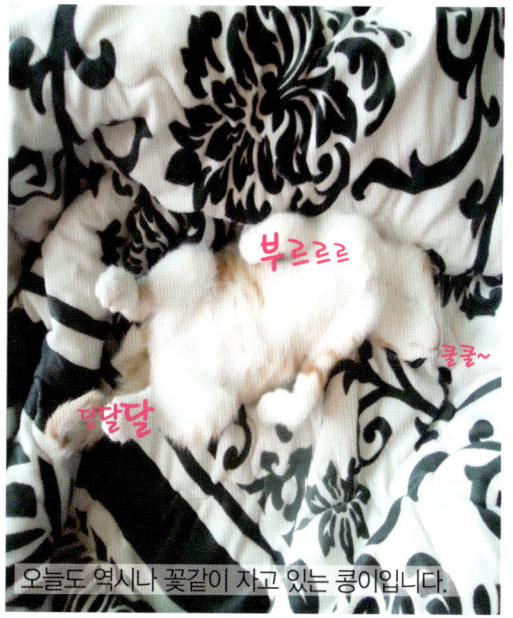

오늘도 역시나 꽃같이 자고 있는 콩이입니다.

이젠 눈앞의 혁명쯤이야 가소로운 콩이

이쁘게 자는 건 반칙이랬어!

이게 다 로마오빠 덕입니다.

마지막 인터뷰

이야기를 마치며 로패밀리에게 궁금한 몇 가지!

🔊 첫 번째 질문 로마야? 살면서 가장 당황스러웠을 때가 언제야?

털다리가 꽐라돼서~

이런꼴로 거실을 돌아댕기다가

내 화장실에 되새김질할 때였음

🔊 **두 번째 질문** 그럼 가장 황당했을 때는 언제야?

니(집사)가 내 앞에서
죽은 척 연기했을 때
ㅋ…;;;

장단 좀 맞춰주지
왜 보고만 있었어?

뭔 붕신이 살풀이하는 줄 알았지~

🔊 **세 번째 질문** 로빈아? 가장 슬펐던 적은 언제야?

🔊 **네 번째 질문** 으음...분위기 좀 바꿔서! 그럼 로마형을 보고 가장 놀랐던 적은?

🔊 **다섯 번째 질문** 살면서 털다리에게 섭섭했던 적은 없어?

🔊 **여섯 번째 질문** 또야? 혹시 지금 생각나는 친구 있어?

음... 임신했던 나비 누나요~

누가 밥과 물을 줬는데 또 다른 누군가가 다 된 밥에 물을 부어 엉망으로 만들었대요.

그때 누나가 말했어요. 약 안 탄 게 어디냐고.. 이거라도 고맙다고...

그 누나... 잘 지내고 있겠죠?

🔊 일곱 번째 질문 또야? 지금 행복하니?

🔊 여덟 번째 질문 로마는 어떤 때 기분이 제일 좋아? 밥 먹을 때 빼고~

🔊 **아홉 번째 질문** 로즈야? 넌 아직 어리니까 궁금한 것 있으면 물어봐^^ 브레인 돌빡오빠가 대답해준대~

🔊 **열 번째 질문** 로마야? 현재 우리나라 동물보호법에 대해 어떻게 생각하며, 동물학대 처벌 규정에 대한 네 생각을 말해줄래?

뭐...뭐라?

머엉.....

모옹..

질문 자체를 모르겠긔...

멘붕...

이제 나한테 말 시키지 마...띠바...

알았어~ 마지막으로 한 마디씩 해~

앗! 이 차 소리는??

털다리가 오나 봅니다. 차 소리까지 알아듣는 귀신같은 녀석들 ㅎㅎ 이만 인터뷰를 마칩니다.

우왁~
아빠 온다악~~

잘 가... 네게 행운이 있길 바라...

에피소드 7

서로 쳐다보는 아이들

너만 바라보는 아이들

늘 대화하는 아이들

협동심 돋는 아이들

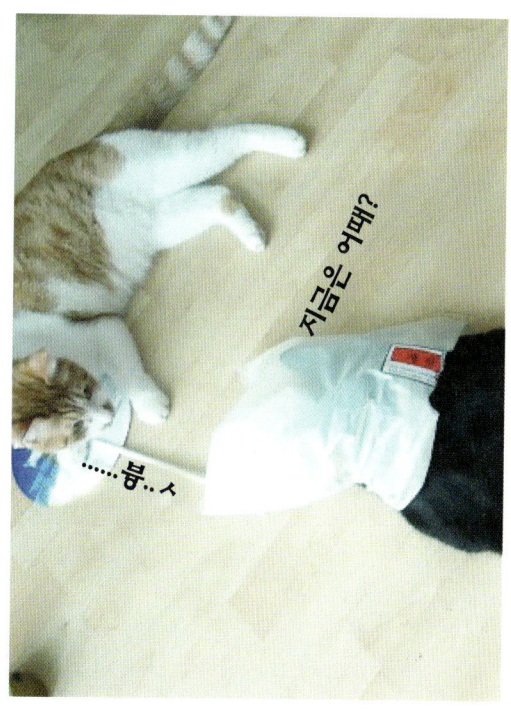

방바닥에 니 똥 굴러다녀

집사 불러. 시캬

집사를 사랑하는 독한 아이들

비켜! 씨퐁아!

꺼져! 돌빡시캬!

지 물건을 소중히 여기는 아이들

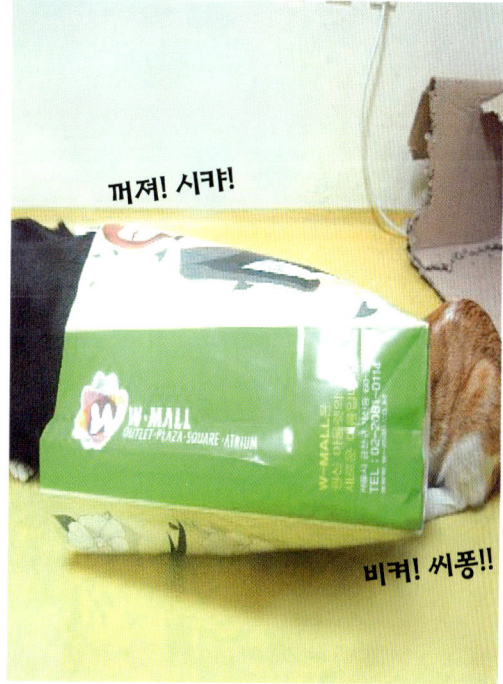

꺼져! 시캬!

비켜! 씨퐁!!

냄새나도 친한 아이들

가끔 생각이 다른 아이들

서로의 대그빡도 관리해주는 자상한 아이들

멋을 아는 세련된 아이들

사생활이 복잡한 아이들

로패밀리의 어느 날 저녁 풍경

사랑스런 로마와 로빈이

에필로그
1. 입양 후 파양의 이유

한 생명을 책임진다는 건 쉬운 일이 아닙니다. 여러 가지 이유로 파양하거나 유기되는 반려동물들. 맑고 순수한 영혼의 동물들에게 두 번, 세 번의 상처를 주는 파양과 유기. 그 씁쓸한 이유 몇 가지입니다.

사례1 사진에서 본 아이와 다른 아이가 왔어요!

분명 입양 사진에서 본 아이는 마음에 들었는데~

같은 놈이긔..

실물을 보니 정이 안 간다는 거. 단순 변심이죠~

사례2 전 작은 고양이만 원해요~

그래서 작고 귀여운 아깽이를 맞이했는데!

졸지에 애가 이렇게 커버리면 징그러워서 파양.

어느 생명이든 천년만년 아깽이로만 남을 순 없는 법인데! 무식한 거죠.

사례3 고양이가 숨어서 나오질 않아 파양이요!

대부분의 고양이는 환경이 바뀌면 두려움에 몸을 숨깁니다.

낯선 곳, 낯선 사람 앞에서 처음부터
(사진협찬: 만두)

맛보고~

즐기는~

그런 고양이 드물긔요..

사례4 애가 밤에 울어서 파양이요.

엄마악~

냐아앙~

으아악~

앙~

겁나 불안
띠바

여긴 어디!띠바악~

불안하고 무서워서 우는 애는 아마 더 미칠 지경이겠죠.

내가 더 돌아버려으..

애정어린 시간이 약인 거죠~

사례5 털이 너무 날려서 같이 못 살겠어요.

사람 머리카락 빠지듯 털짐승 역시 털이 날리는 건 당연한 일!

열심히 청소를 하든지

그래도 정 감당이 안 되면 미용을 하든지!
(사진협찬: 봉식이)

반려동물과 함께 사는 데엔 많은 노력과 인내가 필요해요. (사진협찬: 양이)

처음부터 다 알고 반려동물과 함께하는 분들은 얼마 없을 겁니다. 서로 다른 종이 한 울타리에서 십수 년을 함께 살아가는 일이기에 그만큼 막중한 책임감과 따뜻한 애정이 필요합니다.

"버릴 거면 입양을 왜 하나?"

모두가 하는 말! 하지만 일부가 무시하는 말이죠.
입양과 파양, 신중하게 합시다.
그리고, 유기는 하지 맙시다.

에필로그

2. 할 말 있어요~

쿤이, 양이, 찬이라는 고양이 세 마리와 함께 사는 초등학교 4학년 세빈이. 얼굴만큼이나 예쁘고 따뜻한 마음을 가진 세빈이가 할 말이 있대요~

이 땅의 어린이들이 세빈이만 같아도 동물들의 밝은 미래가 보장될 텐데 말이죠.

캣툰
니 정수리에
내 송곳니

초판 1쇄 발행 | 2012년 9월 24일

지은이 | 남순임
펴낸이 | 강경미
펴낸곳 | 꾸리에 북스
디자인 | 최지유
출판 등록 | 2008년 8월 1일 제313-2008-000125호
주소 | (우)121-840 서울 마포구 서교동 396-60 동궁401호
전화 | 02)336-5032
팩스 | 02)336-5034
전자우편 | courrierbook@naver.com

값 14,000원

ISBN 978-89-9468-209-9 03520

*파본이나 잘못된 책은 서점에서 교환하여 드립니다.